燃えた、打った、走った！

長嶋茂雄

中央公論新社

写真提供　読売新聞社

燃えた、打った、走った！

目次

カバー　写真提供　読売新聞社
装幀　鈴木正道　Suzuki Design

燃えた、打った、走った！

ぼくは打席で構えたとき、相手が投げてくるボールの白い表面ではなく、そのなかに包みこまれているコルクのシンの真ん真ん中をいつも狙った（写真提供／読売新聞社、以下同）

第1章　現役引退

バットのぬくもり

いつかはやってくる日だった。

だが、その日がいよいよ明日に迫った夜、ぼくの手は無意識のうちにバットに伸びていた。

ルイスビルのアーニー・バンクス・タイプ。重さは九百十九グラム……。そのバットをにぎりしめ、雨あがりの庭にでた。

虫の声がやんだ。

芝生《しばふ》を踏み固めてスタンスをきめ、バットを構えた。思えば、この庭先で、ぼくはいったい何万回バットの素振りをしてきたことか。

いくら打ってもヒットがでないスランプのときや、気持ちが沈んでどうしようもないとき、ぼくはいつもこうして一本のバットをにぎりしめ、力いっぱいスイングした。くよくよと考え込むより先に、バットを振ってきた。

小学校四年のときに、初めてバットをにぎってからちょうど三十年……。

いつもぼくは、試合のことを頭の中に描いて、思い切りバットを振ってきた。相手投手の顔、コーナーをよぎってくる白いボール。それを思い浮かべては、激しいスイングを繰り返した。

しかし、この夜だけは別だった。

ぼくには、もう入るべき打席はわずかしかない。手もとに引きつけて、全身の力をこめて打ち返すべき公式戦のボールは、もうあさってからは一球もこないのだった。

構えはしたが、一度もスイングしないまま、ぼくはそっとバットをおろした。

——四番・サード・長嶋……。

場内アナウンスが、スタンドにどよめきの輪を拡げていくときの、体じゅうが燃えるような興奮と緊張感。そして、みごとに打てたときの誇らしさ。

一人のバッターとして、ぼくはもうそれを味わうことができなくなったのだ。

芝生の上に、そっとバットを置いたとたんに、ふたたび庭の虫たちがいっせいに鳴きはじめた。不意に、なんともいえないさみしさがこみあげてきた。

あれは、巨人のユニホームを着た最初の年の日本シリーズだった。三原（脩＝元日本ハム球団社長）さんの率いる西鉄に三連勝して、あと一勝でチャンピオン・フラッグというところまでいきながら、ぼくたちは悪夢のような逆転負けを喫《きっ》した。

その最終ゲームとなった第七戦の最終回だった。点差は六点。絶望的な最終回の攻撃で、ぼくは先頭バッターとして打席にむかおうとして、ベンチにおいてある自分のバットを探した。

そのとき、

「これを使ってくれ」

と、一本のバットを差しだしてきたのが川上さんだった。

「……いいか。ワシのこのバットを使ってホームランを打ってきてくれ」

川上さんは、そのころ右足を痛め、自転車の古チューブで足を縛りあげて試合にでていた。ロッカールームでユニホームを着る前に、そのチューブの上に包帯を巻いている姿を何度か見た。

その川上さんが、日本シリーズ最終の打席に、自分が愛用していたバットを使ってくれという。バットを通じて、ぼくに託そうとしたものはなにか、ぼくにはそれが痛いほどわかった。

稲尾（和久）の初球。バットに手ごたえがあった。

一塁をまわるとき、チラッとセンターのほうを見ると、後逸《こういつ》した高倉さんが懸命に打球を追いかけている。ぼくは夢中で走り、高倉さんがやっとボールに追いついたとき、砂煙をあげてホームにすべりこんだ。

最終戦のシャットアウト負けをまぬがれた最後の一点だった。

この日、表彰式のあとで川上さんは引退を表明した。現役のころ、二千三百五十一本の安打を放ってきたこのひとの引退はショックだった。

昭和三十三年十月二十一日のあの日から数えて十六年目のあす、ぼくは静かにバットを置く。

一抹《いちまつ》のさみしさはあるけれど、しかし、悔いはない。どんなに苦しくつらいときでも、ぼくはぼくなりに精一杯やってきた。つねに戦うことをやめなかった。

バット一筋《ひとすじ》に、まっしぐらに自分の好きな道を駆け抜けてきたぼく自身を、いまつくづく幸せな奴だった、と思うとともに、かつて川上さんが引退する日に手渡してくれたあのバットのかすかなぬくもりのようなものを、後輩たちに残せたかどうか、そのことが無性に気がかりだ。

最後のオールスター

「なあ、チョーさん。このワシの体を見てみいな」

ぼくにとっては、現役最後の出場となった四十九年のオールスター戦。うしろからポンと肩をたたくので、だれかと思ったら、阪神の金田（正泰）監督だった。

「……あのな、チョーさん。ワシかてこんな貧弱な体で三十八までやったんやで。それやのに、あんたはホレ、こんなにピンピンしとるやないか」

そばにいた日本ハムの張本（勲）も、

「ほんとうですよ。ぼくより若く見えるくらいですよ」

と、真剣な口調で相ヅチを打った。

張本は、翌日の第三戦にもセのベンチまでやってきた。

今度は思いつめたような顔つきで、

「あのう、まことに僭越《せんえつ》なことで申しわけない。でも、お願いだから、ぼくのいうことをちょっと聞いてください」

そういうなり、帽子をとってペコリと頭をさげるのだから驚いた。

「なに、いったい？」

「いえね、ぜひ聞いてほしいんですわ。チョーさんは、今年いっぱいで現役引退を考えてるんでしょ？」

「………」

「でもね、どうしてもあと三年はプレーしてもらわんといかん思うて、やってきたんです。チョーさんがやめたら、こらもうプロ野球全体の大マイナスですわ。プロ野球の人気が下がると、ぼくら六百人の現役の生活にも響いてくる。どうかチョーさん、引退なんてこと考えないで、あと三年がんばってくれませんか」

張本はぼくに遠慮しいしいバッティングのアドバイスまでしてくれた。

ホームプレートからあと十センチか十五センチ離れて立ち、スタンスを大きくとってみたらどうだろうか、というのだった。そうすれば、打ちにいくときに左足が開かないはずだ……。ぼくが打てないのは、年齢的なものよりも、そういう技術的な問題からきている……。

いかつい顔を赤くして、一生懸命ぼくを説き伏せようとする張本の気持ちがうれしかった。ぼくの闘志をかきたてようとしてくれるみんなの心遣いがうれしかった。

でも、打つときに左足がアウトステップする自分の欠点は、だれよりもぼくがわかっているつもりだった。わかっていても、試合になるといつの間にか左足が三塁側へ開いてしまうのだ。

雨で流れた後楽園の第一戦のとき、大洋のルーキー山下（大輔）の姿を見かけた。色白の肌とのびやかな体つき。におうような若さが、ぼくにはまぶしかった。ついそばへ吸い寄せられていって、話しかけてしまった。

「おい、大輔くん。君はいくつだい？」

「二十二になりました」

直立不動でこたえる山下の肩をたたいて、「しっかりやれよ」という言葉が、ノドもとまででかかったが、ぐっとこらえた。

山下はこれから先、ありとあらゆるかたちで押し寄せてくる試練に、自分の力だけで立ちむかっていかなければならない。口先だけの優しい言葉などは、むしろかけるべきではないだろう。

「ふーん、それじゃオレとは十六もちがうのか。オレもとしをとったなあ……」

ぼくが山下と同じようにルーキーとして初めてオールスター戦にでたのは、もう十六年も前のことになる。そのとき山下は六歳。まだ小学校へ入学したばかりだったのだ。

デビューしたばかりの三十三年七月――。ファン投票の三塁手部門で最高の十八万三千三百九十九票を集めたぼくは、第一戦にはトップに起用された。

その月末に早くも二十勝をマークしていた杉浦（忠＝元南海）が、第一戦に先発するときいて、当時の水原監督が第一打席でぶつかるように打順を繰りあげてくれたのだった。最初の対決は四球だったが、続く第二打席で、ぼくはかつての僚友からライト前へタイムリーを奪った。

最高得票といううれしいおまけがついた最後のオールスター戦でも、第一戦にぼくは十六年ぶりでトップを打った。最初と最後とが奇《く》しくも同じ打順。ただそれだけのことが、ぼくにはなにかの意味をもっているように思えてならなかった。

だれにも胸の内を洩《も》らしはしなかったが、すでにぼくはきめていた。バットをひと振りするたびに、引退を表明するその日が刻々《こっこく》と迫ってくるのだった。

オールスターという檜舞台《ひのきぶたい》でのぼくの最後のホームランは、西宮での第二戦ででた。見逃がしていたらボールかもしれない高目の球だった。パの二番手としてマウンドを踏んだ神部がどんなタイプのピッチャーだったか、ベンチで堀内（恒夫＝元巨人コーチ）にきくまですっかり忘れていたし、これがぼくがオールスター戦で打つ七本目のホームランだったことも、きれいさっぱり忘れていた。

ライナーで左翼中段にすっ飛んでいく打球を見ながら、ぼくはポカンと口をあけていたような記憶がある。三塁のキャンバスを蹴ってホームへむかうとき、しみじみ「よかった！」と思った。

エンピツをなめなめ、ぼくの名前をはがきに書いてポストに入れてくれた少年ファン、そして一人で何枚も書いたかもしれない中年のファン……。ぼくを推《お》してくれた六万五千九百票に、これでいくらかお返しができた、という安堵感《あんどかん》が真っ先に浮かび、しばらくして、これで〝打ち止め〟だというさみしさが押し寄せてきた。

昭和33年のオールスターでは、かつての僚友杉浦との対決が話題になった

　第三戦。ぼくのオールスター戦最後の打席は八回にまわってきた。松原（誠＝元大洋コー

金田正一さん、王貞治氏とともに

チ）の代打だった。

カウント1―0からの村田（兆治＝元ロッテ）の二球目は、キャッチャーのななめうしろへ打ちあがるファウルフライになってしまった。しまった！と思いながら、一、二歩ファーストへ駆けだしたとき、ぼくの耳はパのベンチから叫び声があがるのを聞いた。

「落とせ！　それは落とせ！」

ファウルフライにむかってミットを構えた村上に、懸命にそう指示（？）しているのは、まぎれもなく張本の声だった。落球すれば、もう一度ぼくに打つチャンスがある。それを思って、つい叫んでしまったにちがいない。

その声を耳にした瞬間、われ知らず

体の奥が熱くなった。張本の好意もうれしかったが、それ以上にぼくは自分が情《なさけ》なかった。うしろへではなく前へ、それも野手の間をキーンと抜く当たりをなぜ打てなかったのか。最後の打席に堅くなった自分が、ぼくには腹立たしかった。

……また、虫の声が聞こえる。

あすは、晴れているだろうか、とぼくは思った。四百勝をあげた金田（正一）さんが、ついに背番号34のユニホームをぬいだ日は、たしか雨だった。

背番号3がやめるときは、カラリとした秋晴れであってほしい、とぼくは目をほそめて、夜空を見あげた。

昭和四十九年十月十三日。残り二試合というところで、巨人がついに力つき、中日の二十年ぶりの優勝がきまり、あすいよいよ公式戦の最終ゲームがあるというその前夜のことだ。

第2章　監督の座

終身打率・315

実は、三年前からひそかに引退を考えていた。

この年、昭和四十六年のシーズン初めに同期の杉浦の引退試合があった。消耗の激しい投手生活を、スギは十四年間もがんばり続けた。マウンドをおりてくるスギの肩をだき、その右手をにぎったとき、ぼくははっとした。血行障害に悩まされていたスギの手は氷のようにつめたかった。

杉浦がやめていって、もう東京六大学リーグ戦でともに戦った同期生は、ドン公こと近藤（和彦＝元大洋コーチ）ひとりになってしまった。同期の桜は、一人散り二人散りして、それぞれコーチやテレビ解説者に転向していった。

この四十六年のシーズンは、すっぱりとタバコをやめ、宮崎のキャンプでは三年ぶりに鈴木（章介）ランニング・コーチと組み、マンツーマンのジョッギングや、胸・腹筋をきたえる体操をやった年だった。自分では残っている体力のすべてをふりしぼる意気込みでいた。

そのあとアメリカ・フロリダ州ベロビーチにあるドジャースのキャンプに移ってから、ふと思いついてフォームも変えた。

ふところをゆったりと広くあけ、スタンスも思い切って大きくしてみたのである。この新フォームで、大リーガー相手の第一戦では自分でも驚くほどの当たりの2ラン・ホーマーがでた。

マイアミへ転戦したその日の試合前、球場のプレスクラブでぼくは前々から会いたかった男と話すチャンスにめぐまれた。

ザ・ヘッドの異名があるオリオールズの名三塁手、B・ロビンソンである。打率は低いけれど勝負強いバッティングで鳴らし、何度かＭＶＰ（最優秀選手）をとっている。

ことにファイトをむきだしにした三塁守備は人気があり、その守備範囲の広さから〝バキューム・クリーナー（真空掃除機）〟というもう一つの異名をもっている。どんな打球でも吸いとってしまうような体当たりプレーをみせるからだろう。

握手しながら、ぼくはさりげなくロビンソンの額の生えぎわに目を走らせた。ぼくより一つ歳下《としした》なのに、かなり頭髪が後退して、光線の反射（？）がちがう。

ぼくの視線に気づいたのかどうか、ロビンソンも、ぼくの頭髪を見て、

「うらやましい」

と、外国人らしい大げさなゼスチュアでため息をついた。

「……その頭で、私より歳上とは信じられない。ミスター・ナガシマは、ほんとうは私より若いんじゃないか？」

お世辞にしても、若くみられるのは気分がいい。ロビンソンのひとことで、ぼくはすっかりムードに乗ってしまい、この日の試合では当たりそこねのゴロを打っても、馬車ウマみたいに全力疾走した。

シーズンが始まってからも、はずみがついたように打ちまくった。

四月十四日には、中日戦でプロ入り通算三百五十ホーマー。続いて五月二十五日のヤクルト戦で通算二千本安打。六月末に一度、三割をわり、八月にはいって悪性のギックリ腰に悩まされたが、三安打、四安打とカタメ打ちして盛り返し、ついに打率三割二分で首位打者のタイトルをとった。

ぼくにとっては六度目のタイトルで、新記録でもあった。そして、五度目の最優秀選手

……。

記録だけでいえば、ほんとうは、このときにすっぱりと現役から足を洗うべきだったかもしれない。

この時点でのぼくの終身打率は三割一分五厘。これは川上監督が持つ三割一分二厘の日本記録を上まわる数字だった。もちろん、与那嶺（要＝元西武コーチ）さんの三割一分一厘、中西（太＝元ヤクルト監督）の三割七厘もリードしていた。

この年の日本シリーズの相手は、またしても阪急だった。

ぼくは第四戦に、田舎《いなか》からおふくろを招待した。めったなことでは球場にこないおふくろにとって、それは十年ぶりで見るナマの野球見物だった。ぼくは内心、最後のユニホーム姿を見てもらうつもりで、おふくろを呼んだのである。

しかし、チームが六連覇したその夜、ぼくはつくづく考えた。

終身打率そのものは、プロ野球の選手にとってたしかに価値があるが、・315というたった三つの数字にこだわることは、長嶋茂雄自身にとっていいのかどうか。そのことだった。

いま、現役をやめるのは簡単である。

三十五歳という、プロ選手としてはもう峠をこした年齢で、力の限りがんばって、こうして首位打者に返り咲いた。引退の花道で、いわば有終《ゆうしゅう》の美を飾ったぼくのわがままを、ファンも許してくれるだろう。

だいたい、三十五すぎまでプレーを続ける選手はすくない。気持ちはしっかりしていても、体が思うように動かないし、結果はドンドン悪くなる一方。スタンドからはヤジられ、チーム内の目もだんだん冷たくなってくる。

一度そうなると、重い石っころが急坂をころがり落ちるように、あらゆることが悪循環をおこし、これでもか、これでもかと思いもかけなかった障害が行く手に立ちふさがってくる。

やめていった選手がすべてそうだというのではないが、たいていは自分が苦しいから逃げだすのだ。一日ごとに条件が苛酷《かこく》になるのがわかっているから、楽な場所へスルリと逃避してしまう。それが悪いというのではない。むしろ、そうするのがふつうなのだ。

しかし、ぼくは逃げだしたくはなかった。

プロの世界でさんざん揉《も》みしだかれながら、これまで一度もぼくは逃げないで立ちむかってきた。ぼくという男は、それしかできない男だった。
・315……。
いまここでやめたら、プロ野球史上にくっきりと刻みつけられる数字である。でも、その数字を残したとたんに足を洗おうというのは、逆にいえば、終身打率にこだわって〝逃げをうつ〟ことになる。

やっぱりオレは、グラウンドで倒れるまでやるぞ……。ぼくは弱気になった自分を叱りつけたい気になった。終身打率などさがったっていい、バットマンとしての限界を、自分の体でとことんまで試してみるのも、ぼくらしくていいじゃないか。

体力の衰え

四十七年の正月が明けてすぐにぼくは伊豆・大仁《おおひと》温泉へむかった。

車の窓から、富士が見えた。冬空をバックにしてくっきりとそびえ立つ富士。しばらく見とれているうちに、ぼくの山ごもりは、まるで〝富士サーキット〟だと思っておかしくなってきた。

二十八歳のときから、キャンプ・イン前の体づくりのため、ぼくは山野を走りまわることにした。

最初の三年間は、箱根の仙石原にある〝いすゞ〟の寮にお世話になった。アップダウンのある道をランニングして、標高千二百十三メートルの金時山にのぼるのが日課だった。ふつうの人の足で一時間以上かかる山道を、ぼくは時計をみながら三十五分か四十分で頂上まで駆けあがった。結婚式をひかえた四十年の一月も、挙式ぎりぎりまで山にこもっていた。

早朝、ハアハアと白い息を吐きながら見た富士。夕暮れのランニングで見たシルエットだけの富士。ぼくはいつも、大好きなこの山の姿を見ながら走っていた。

四十三年から大仁に場所を変えたが、ここから遠望する富士はとくに姿がよく、ときどき腰をおろして見惚れることが多かった。離れの部屋も、一番よくみえる〝富士の間〟にしてもらっていた。

この離れに、東京から肉や魚のほか、米まで持ち込んだ。ふだんはじっくり目を通せない歴史小説、第二次大戦のドキュメントもの、随筆などもバッグの底に忍ばせた。気管支にいいときいて、電気ガマみたいな形をした外国製の蒸気発生装置を部屋にすえつけたこともある。

四十五年には、緑色の防球ネットまで持っていった。カモイの両端にカギ型の金具をとりつけてネットを張り、タタミの上でティー・バッティングをするためである。ボールは四ダース用意し、バットも三本持ちこんだ。捕手の淡河《おごう》(弘)にいっしょにいってもらい、彼のトスするボールを打ちまくった。

しかし、この四十七年の大仁ごもりに、ぼくは一冊の本も持っていかなかった。ことし限りときめて、ようやく首位打者のタイトルはとったが、その次のシーズンがもっともっと厳しいものになるのはわかっていた。

大仁ごもりではひたすらバットを振った

ぼくはこの年からバッティング・コーチも兼任することになっていたが、人を教えるだけのほんとうの指導力を、ぼく自身もっているのかどうか。〝富士の間〟で寝泊まりするあいだに、考えておかなければならないことはあまりにも多かった。

朝七時起床、夜十時就寝という日課を守り、あらかじめきめておいたスケジュールはきっちりこなしながら、ぼくは正直、不安だった。それは年齢という、かつてぶつかったことのない相手への不安だった。この敵は、姿を見せずに、じわりじわりとぼくの足もとから忍び寄ってきていた。

第一の兆候は、きたない話だが、目ヤニだった。朝おきたとき、両方のまぶたがぺったり接着しちゃったんじゃないか、と思うほどのヤニがたまる。ヒゲを剃るときのカミソリの刃の走り方が、体調の良し悪しを計るバロメーターだったのに、これが肌にどうも引っかかる。いくら念入りにマッサージしてもらっても、前日の疲れがなかなかとれず、どうも下半身にだるさが残る。食欲もなくなる。

それに、足が信じられないほどおそくなった。かつて三十八年には二十連続盗塁をマーク。プロ入り二年目の六月にはセカンド・フライで三塁をタッチアップして一気にホームインした自慢の足が、めっきり落ちた。

今までなら軽く内野安打にしていたはずのゴロが、もがいてももがいても、一塁までの距離が遠く感じられるようになってきた。どんなに節制しても、これだけはどうしようもなかった。姿かたちをもった相手なら、真っこうから勝負を挑んでいくこともできるが、今度の相手はそうじゃなかった。

しかし、肉体の衰えをだれにも悟《さと》らせたくはなかった。

ぼくは今まで以上に明るく振舞い、つとめて冗談をいうように気をつけた。相手のピッチャーに気づかれるのは、もちろん大きなマイナスになるが、それ以上に、ぼく自身が衰えを認めたくなかった。

ペナント・レースが始まってまもなく、本間千枝さんという五十七歳の老婦人から、一通の手紙がとどいた。

封を切ってみると、なかには便箋にきれいなペン文字でしたためられた詩が入っていた。

好守好打の十余年
ヘルメットを吹っ飛ばし
ここ一番のチャンスには
クリーンヒットかホームラン

ぼくは、この詩を大事にユニホームのポケットに忍ばせて試合にでた。詩の上手下手ではなく、ここには全身を躍動させてプレーしたころのぼくの姿が書かれていた。

ハリケーン・長嶋——。いまのぼくの体力からすれば、それはもう手のとどかない遠くへ去った過去のイメージでしかなかった。だが、ファンはよれよれになったぼくに、いまでも溌剌《はつらつ》とグラウンドを駆けまわる長嶋を見てくれている。無性《むしょう》にぼくはじれったかった。

この年の五月四日、後楽園の阪神戦だった。

前夜の三時間をこす延長戦で巨人は負け、この日もう一つ負けると、チームは勝率五割ピッタリに落ちるというピンチだった。ぼくは四打席ノーヒット。延長十回の満塁に最後の五打席目がまわってきた。

谷村（智博）がマウンドにいた。重いシュートがびしびし内角にきまって、たまにバットのシンに当てたと思っても、つまったゴロになる。

五打席目も、やはり谷村はシュートで攻めてきた。ぼくはわずかに短く持ち変えたバットで、一、二塁間をねらって思い切り振った。

手ごたえがあった。

ビシッ――。押しつぶしたような異様な音がしたが、考えているひまはなかった。バットをほうりだすと、ぼくは夢中で一塁へ走った。ねらい通りライト前へ飛ぶサヨナラ・ヒットだった。

帰りぎわ、さっき異様な音がしたバットを拾いあげた。

バットは深々とタテに裂けていた。それもグリップエンドと中ほどとの二箇所である。

ふつうバットはこんな折れ方をするものではない。なんとかヒットを打ちたい、というぼくの執念が、谷村のあの重いシュートに打ち勝ったのかもしれない。体力は衰えていても、ぼくの気力は衰えていなかった。

しかし、前年と同じ三割三毛の打率でオールスター戦を折り返しながら、ぼくの打率は夏場をすぎるころ二割五分台にまで急降下していった。

あれは十月十三日、後楽園でのシーズン最終戦のときだった。すでに一週間前に優勝はきまっていて、この日は、試合が終わってから優勝トロフィーをのせた山車《だし》を、みんなでひくことになっていた。

この最後の試合の八回の二死満塁で打席にはいったとき、ぼくはスコアボードの電光掲示板を見た。

・264

黄色い電光文字が浮かんでいた。二割六分四厘――。ぼくにとってはプロ入り十五年目で味わう最低のアベレージだった。

この打席で、ぼくは自分に対する持っていき場のない怒りをたたきつけるように、打球を左前に運んだ。プロ入り通算二千二百三十三本目のヒット。それを、ぼくがどんな思いで打ったか、おそらくだれにもわからなかったろう。

ファンの期待

翌四十八年、ぼくはまた大仁《おおひと》にこもった。

プロ入り最低のシーズンとなった前年は、右足ふくらはぎの肉離れで苦しんだ。おかげで、十日ほど試合から遠ざかり、チームにも迷惑をかけた。

そういえば、開幕早々の大洋戦でも右手に死球をくって、全治一週間と診断された。これは四日目には平気な顔を装って出場したが、このころから奇妙にケガが多くなってきていた。ほんの何千分の一秒かの差だろうけど、やはり反射神経もにぶってきていたのだ。ナイターの光線でときおり目がチカチカし、ボールが歪《ゆが》んで見えるときさえあった。

しかし、ぼくは決して泣きごとはいわなかった。グチを並べたところで、どうにもなるものではない。

ただ、練習で自分の体をいじめ抜いて、それで少しでも体力の衰えをカバーできるものなら、ぼくはどんなつらいスケジュールでもこなそうと思っていた。大仁へやってきたのもそのためだった。

ここから見る富士は、六年前はじめてやってきたときと少しも変わらない。当時、ぼくは三十一だった。そのぼくが、髪にときどき白いものがまじるような歳《とし》になったというのに、富士は六年前と同じ毅然《きぜん》とした顔をこっちにむけている。

トレーニング・シャツに着がえて、いつものコースを走りだして三日ほど経《た》ったときだった。標高四百メートル以上はある城山のけわしい登りを駆けあがっていたぼくは、ギョッとして足をとめた。せまい道の真ん中で、突然、黒いものが動いたからである。

一瞬、熊でもでたか、と思った。めったに人が通らない山道だから、ぼくがとっさにそう思っても不思議ではない。

「あのう、すんまへん」

「な、なんですか？」

「長嶋さんでしょ？　あんたは……。ほんとにすんまへん。驚かしてしもうて……」

話をきいてみると、その人は立川さんといって、ぼくの熱狂的なファンなのだという。スポーツ紙で、ぼくが大仁にこもっているのを知り、矢も盾《たて》もたまらずにここまでやってきた。関西弁なのも道理、立川さんは大阪の日生球場近くに住んでいるのだった。

前の晩、沼津で電車に乗りかえて、その夜は大仁温泉に泊まり、朝早くからこの山道でずっとぼくのくるのを待っていたのだった。

「……それで、ずいぶんお待ちになったんでしょうね？」

「まあ、四時間くらいですよ。ほんまに驚かしてすんまへん。長嶋さんの顔を見て安心しましたよって、私にかまわずトレーニングを続けてください」

「はい……」

その日は、とりわけ冷え込みの激しい日だった。霜柱がこおりついている山道で、ぼくを応援してくれるために、じっと四時間も待っていたファン……。ぼくはいうべきことばが見つからなかった。

翌日は、別のファンが待ちうけていた。

今度は親子三人づれだった。ライトバンで大仁までやってきて、そのまま荷台に寝て夜を明かしたのだという。寒さをしのぐため、ときどきエンジンをかけ、みんなで体を寄せあって、ぼくが通り過ぎるのを今か今かと待っていたのだ。

千葉の九十九里浜からやってきた威勢のいい三人の若い衆もいた。この人たちは、ぼくがランニングの〝終点〟にしている大仁高校のグラウンドまでついてきた。驚いたことにみんなトレーニング・パンツ姿である。

ぼくが走ると、いっしょになって走る。ダッシュをかけると、やはり息を切らしながらもダッシュしてくる。

しかも、ぼくの練習の邪魔にならないかどうかを気にしているのが、ありありとわかる応援なのだ。サインをねだるわけでもなく、声をかけてくるわけでもない。

ぼくは、みんなをホテルのティールームに案内して、

「せめて、お茶でも飲んでいってください」

と引きとめた。

いろいろ雑談したのだが、若い衆たちはつとめて朗らかな話題を選んでくれているのが、ぼくには痛いほどわかった。湿っぽい限界説談義などいっさい抜きだった。

別れぎわに気がついたのだが、おしゃべりの間、だれも「がんばってください」などというありきたりの激励は口にしなかった。こういうファンがついていてくれることがわかっただけで、ぼくはどんなに力強かったか。当たりさわりのない話をしながら、人の心のありがたさが身にしみた。

監督問題

人と人との触れ合い、人と人とのつながりが長嶋茂雄という名の男をつくり、強くしていった……、そう、ぼくは思っている。

大仁でファンの熱っぽい期待を肌で感じたころ、ぼくは巨人の次期監督問題に直面して

いた。もう避けて通れないほど、この問題は煮つまってきていた。

実は、川上監督は四十四年、五連覇をきめる日本シリーズの直前に、

「やめたい」

と、親しい人に辞意を打ち明けたという。

それからは、毎年のように勇退を考えながらも、チームが日本一になるたびに、いいだすきっかけを失ってきたのではないだろうか。六連覇、七連覇と勝ちつづけることは、川上監督から身をひくチャンスを奪うことでもあっただろう。

巨人は勝つことを宿命づけられたチームだ。総合力は年々落ちているのに、次の監督になんとかいい状態でバトンを渡さなければならない。それも勝ちつづけながら……というジレンマに、川上監督がどれほど苦しんだか、ぼくにはわかりすぎるほどわかる。

「長嶋にプレーイング・マネジャーをやらせては……」

という声が一部にあったのも、ぼくは聞いた。が、監督業、とりわけ勝つことを運命づけられた巨人の監督は、プレーイング・マネジャーではつとまらない。監督業と選手とが両立するほど甘いものではない。

ぼくの気持ちは、はっきりきまっていた。

巨人の監督を受けるのが、ぼくの宿命なら、そのときはすっぱりと選手・長嶋を切り捨

てさせてもらう。つまり、監督になるときは、同時に現役を引退するということである。ただ、ぼくにはまだバットマンとして、一つ大きな悔いが残っていた。未《いま》だにまざまざと目の奥に焼きついている、四十七年のシーズン最後のあの電光文字……。

・264

プロ入りして初めて味わった屈辱の数字である。数字そのものはいい。そういう結果になるまでのぼくの戦いぶりである。自分では全力をつくしたつもりだったが、今おもうと「あのときああすればよかった」という悔いが、鋭い針のようになって、ぼくの心を刺す。

まだ、やり足りない。決して悲壮ぶるわけではないが、もしこのままユニホームをぬいだら、ぼくは死んでも死に切れない。中途半端なピリオドを打つのだけは、どんなことがあってもいやだった。

もう一年……。それでも納得《なっとく》がいかなかったらさらにもう一年。そのために大幅に打率がさがり、通算打率が三割をわってしまっても、ぼくは構わなかった。三割という結果を求めるのではなく、バットマンとしてなにかをやり残した、という気持ちのままで終わりたくはなかった。

大仁で出会った人たちも、テレビでぼくの一投一打に注目してくれている人たちも、ぼくが燃えつきるまで全力をふりしぼれば、結果はどうあれ、きっと満足してくれるにちがいない——。

　そうハラをくくって迎えたこの四十八年のシーズンだったが、運命の神は最初からぼくに手痛いパンチをくらわせてくれた。

　開幕直前の三月十八日。南海とのオープン戦でぼくは右側頭部にいきなり死球をうけてしまったのである。コメカミでなくて幸いだった。

　救急車で担《かつ》ぎこまれた大阪・西堀の大野病院で、何枚もレントゲン写真をとられた。

　医局長の柏木さんは、まだナマ乾きのフィルムをじっとにらみ、

「耳の上のところに、少しヒビがはいってますな。気分は悪くないですか？」

「はい」

「ほら、これを見てください。一センチほどの黒い線が見えるでしょう？　すこし、大事をとって休まれたほうがいいですね」

　オープン戦とはいえ、気力でむかっていきすぎた。ふつうなら避けられるコースだったのに、間が悪かった。これから、というときだけに、休むのは痛い。

　暗い気持ちで診察室を出たときだった。肩のあたりにタオルを押し当てて、順番を待っている小学五、六年の少年が目にはいった。

　ぼくをみて、パッと少年の顔が輝いた。

「どうしたの、坊や」

「ぼくもボールに当たったんや」

「えっ、ほんとう？　だれのボールに当たったの？」

少年は肩を押えながら、おかしそうに笑いだし、

「長嶋さんのボールやねん。ほら、きょうのホームラン。あれを捕ろう思うたら、コツンと当たりよって……」

「それは悪いことしちゃったねえ。でも、オジさんは頭に当たっても、こうしてピンピンしてんだぞ。坊やも、ガマンしなくちゃ……」

ほんとうは、耳の上のあたりににぶい痛みが残っていた。時間がたつにつれ、その痛みが拡がっていくような感じだった。

芦屋の宿舎「竹園」にもどると、ぼくは帳場に声をかけた。

「うどん一丁！　大至急」

長嶋引退近し、という観測記事がしきりにマスコミをにぎわしていたころである。

こういう時期の突発的なケガは〝即、引退〟に結びつけられやすい。グラウンドでばったり倒れてしまったあと、病院、宿舎というコースを、大勢《おおぜい》のカメラマンやアナウンサーがぴったりマークしてついてきていた。ほんのちょっとした軽率《けいそつ》なひとことが、チーム全

体に迷惑をかけるかもしれない。

それよりなにより、明日のゲームに出られないのが、くやしくてたまらなかった。

運ばれたきつねうどんを、ぼくはペロリとたいらげてしまったが、不思議にこの日のうどんは苦い味がした。

フォア・ザ・チーム

南海とのオープン戦で死球をうけたこの四十八年のシーズンは、ぼくだけではなくチームもドン底の状態でスタートした。

七月十五日の中日戦では、堀内が先発して四対七で負けたが、この日はまたオールスター戦まであと四試合を残しているというのに、早々と前半戦の負け越しがきまった日でもあった。

五位転落。そしてトップを突っ走る中日には、この時点で七・五ゲーム差と、大きく水をあけられていた。

その翌日、例年のようにオールスター戦のファン投票の発表があった。ぼくはまたしても最高得票……。こんなに成績が悪いのにと思うと、ぼくはいても立ってもいられない気になった。

はずむ気持ちを押えて球場へいくと、もう一つうれしいニュースが待っていた。

「チョーさん、きょうがどんな日か知ってる？」

「いや、旧盆は過ぎたし、なんだろうね」

「二千試合出場ですよ。ほんとに困っちゃうな、チョーさんの忘れっぽいのには……。しっかりしてくださいよ」

顔なじみのアナウンサーは、あきれたようにぼくの肩をたたいた。

すっかり忘れていたが、この日はプロ入り通算二千試合をむかえる日だったのだ。金田さんの快速球にキリキリ舞いしたデビュー戦から二千試合。うっかり者のぼくは、スポーツ紙で読んでいたはずなのに、ついついこの大事な日を忘れていたのだった。

それより、チームのことが気がかりだった。

もし、この試合に負けたら首位中日との差は八・五ゲームという絶望的な差になる。いまここで直接、中日をたたいておかないと、後半戦の巻き返しが苦しくなるのは目にみえている。

ぼくの調子は最低だった。前日は大胆《だいたん》に内角へ投げこんでくる星野（仙一＝元中日監督）にノーヒット。この日も、稲葉（光雄）に押えられて、九回までの三打席は一本も野手のあいだを抜けなかった。なにしろ、打線全体が九回までにたった二安打に押えこまれていたのである。

九回裏——。

スコアボードに十七個のゼロが並んでいた。〇対〇の息ぐるしいタイ・スコア。ワンちゃんが死球で一塁にいる一死からだった。

稲葉が投げこんできた内角低目のカーブを、ぼくはすくいあげるようにして打った。声にならないどよめきのなかで、レフトのスタンドが二つに割れた。ぼくにとっては七年ぶりでたたきこんだサヨナラ・ホーマーだった。

オールスター戦を折り返してから、チームは勢いづいてきた。それでも阪神が着実に勝ち星を重ねていて、一試合一試合がきわどい綱渡《つなわた》りのようなものだった。

チームを勝たせるためには、ぼくもなりふりかまわなかった。

九月にはいった中日戦では、五年ぶりに送りバントさえした。この試合は、最初の打席でタイムリー二塁打を打ったばかりだったのだが、そういうときのほうが、かえって相手の意表をつける。

だから、ベンチから送りバントのサインが出るのを見たときも、別に驚きはしなかった。勝つために最善の策をとった監督に従うのは、選手として当然なのだ。

ホームランを打つのも、バントをころがすのも、せんじつめればチームのためだった。それがぼくにとってベストをつくすことであれば、なんのわだかまりも持つはずはなかった。

ボールをバットのシンでとらえる技術に関しては、ぼくにもいささかの自負がある。ほかのだれよりも、修羅場《しゅらば》をくぐりぬけてきた、というプライドがある。が、それとこれとは別だった。

広島のロード・ゲームから帰ってきて、いよいよあすから優勝をきめる阪神との二連戦があるという十月九日の夜、ぼくは川上監督の口から、思いもかけなかった衝撃的なことばを聞いた。

久しぶりにいっしょに食事している席上、突然、監督は切りだしたのだ。

「オレはことし限りでやめさせてもらうぞ。あとは長嶋、キミがやるんだ」

アルコールのはいった監督の口は、とまらなかった。

「……ファンは、長嶋監督の登場を待望しているんだ。しっかりがんばってくれよ。ただ、やめてもオレは巨人からいなくなるんじゃないぞ。キミがやりやすいように、これからも全面的に応援するよ。とにかく、オレは監督をやめる。この決心は変わらんぞ……」

ぼくは、とっさにキチンと膝を組み直した。

今こそ、自分の考えをはっきりというときだった。

「監督さんのおっしゃることは、よくわかりました。でも、待ってください」

ぼくはまっすぐに監督の目をみた。監督もじっと見返してくる。

十何年か前、現役最後の日本シリーズで、ぼくに「このバットを使え」といってくれたときと同じ、静かな目だった。

ぼくは続けた。

「……ぼくの生命は、バットマンであることだと思ってます。バットマンとして燃えつきるまでやるのが、ぼくのつとめです。長嶋がんばれ、と声援してくれるファンのためにも、体が続く限りバットを持ちたいんです。体が動かなくなったそのときには、ぼくは静かにバットを置くつもりです。あとに続く王や柴田たちのためにも、長嶋はあそこまでやった、という目標を残してやりたい。限界まで、ぼくにやらせてください」

監督はうつむき、黙ってテーブルをみた。

「……通算打率三割を大切にしろ、とおっしゃってくれるのは、ありがたいことだと思います。引きぎわを考えろ、といわれますが、ぼくは、監督、ここではっきりいわせてもらいますが、三割という数字にはちっともこだわっていません。たとえアベレージが二割台に落っこちても、ぼくは、後悔しません」

バットマンとして燃えつきるまでやるのが、ぼくのつとめです

監督はするどい目でぼくを見つめた。部屋のなかがシーンと静まり返って、ぼくの声だけが響く。

過去、三割をキープしてやめていった打者は六人しかいない。それがバットマンの栄光のあかしなのは、むろんわかっている。が、これまでずっと胸の中で暖め続けてきたように、その通算三割という〝勲章〟を、ぼくは犠牲にしてもいいと思っていた。倒れるまで現役を続けるのと、引きかえにである。

「……監督、ぼくはどうしてもこのまで終わりたくはないんです。長嶋にバットマンとして、あと一年最後の勝負を賭《か》けさせてください。悲壮感やセンチメンタリズムでいっているのではありません。もっとカラッとした明るい気持ちでお願いしているんです。それに監督、もう一つ、ぼくからお願いがあります……」

川上さんは、すわり直してぼくの顔を真っこうから見据《みす》えた。

「……それは、ご苦労なのを承知のうえでのお願いです。どうか、来年もう一シーズン、巨人の監督を続けていただけませんか。お願いします」

監督は顔を紅潮《こうちょう》させ、大声でこたえた。

「よし、わかった。よく本心をいってくれた。よくいってくれた……」

「三割は打てんぞ」

巨人の監督の座——。

それは一秒一秒に骨身をけずるような厳しいものにちがいない。

ぼくがその座を引き継ぐのが、既定の事実のようになってきたころ、

「できるものなら断《ことわ》って、野球からきれいさっぱり身をひいたほうがいい」

と、忠告してくれる人が圧倒的に多かった。先輩や友人たちは、みんな口をそろえて監督就任に反対した。ぼくのことを心底からおもってくれる人ほど、反対の度合いは強烈だ

った。

反対の理由は、巨人のチーム力の低下である。ドラフト制がしかれてから、次代の戦力となるはずの有望新人があまり入ってこないうえ、レギュラーの平均年齢が年々高くなってきている。それはだれでも認める動かしようのない事実だった。

友人のひとりなどは、

「今の巨人は、川上さんがおいしいところをしゃぶりつくしたダシガラみたいなもの。新しい味をつけていくのは、それこそホネだぞ」

と、ひどいことをいった。

川上監督の業績が偉大だからこそ、あとを引き継ぐ者は、二倍も三倍も苦労しなければならないという点で、友人たちの意見は一致していた。

女房の亜希子《あきこ》も、強く反対したひとりだった。バットマンとしての苦労とは、またちがった苦労をぼくが背負いこむことを、女房は見ていられなかったのだろう。十年近く、喜びも悲しみもわかちあってきた女房の気持ちも、ぼくにはよくわかった。

野球はしかし、ボクシングやゴルフなどの個人競技とは性質がちがう。ピッチャーとキャッチャー、サードとファースト……つねに人と人とのつながりで動いていくものだし、相手のチームもまたそうでなくては成り立たない。日本シリーズにしても、パ・リーグというもう一つの組織が健在だから、ちゃんと試合ができるのだ。

プロ野球そのものが、危機説で大きく揺らいでいるときに、ぼくが自分の勝手な考えで行動していいものかどうか。人と人とのつながりのうえに立って、バット一本でメシをくってこられたというのに、

「やーめた」

と、抜けることはぼくにはとてもできない。それはもう一つの〝勝負〟から逃げだしてしまうことにもなる。

「どうしようもないんだ。あえてオレが泥をかぶるさ」

ぼくは、そういって女房を説得し、友人たちにも納得してもらった。

ただ、四十九年のシーズンだけあと一年、バット一筋に目いっぱいやらせてもらうについては、ぼくなりに考えがあった。

これまでの選手生活は、そのときどきに多少の波はあったとはいえ、一応、順風満帆《じゅんぷうまんぱん》だったといえる。ほんとうの意味での逆境を、骨身にしみるほど味わったことはない。

監督という管理職につくにあたって、これではいけない、とぼくは考えた。得意と失意とが背中合わせになっているのなら、ここで一年間、とことんまで失意の時期を味わおう。人をまとめ、チームを強くしていくうえに、そのことはきっとプラスになるはずだ——。

川上監督に、

「あと一年、監督をお願いします」

と頭をさげた十月九日の夜、実はぼくにはそんな考えもあったのである。自分勝手な頼みではない。巨人のため、そして大それたことをいわせてもらえば、プロ野球全体のためにも、これくらいのささやかなわがままはいいだろう。

監督は、ぼくのそんな気持ちを見抜いたのかどうか、不意に思いもかけなかった厳しいことばをぼくに浴びせた。

「長嶋、バットマンとしてあと一年やるというけど、キミはもう三割は打てんぞ」

「……………」

「いいか。いまのキミと同じ道を歩いてきたオレにはよくわかる。もう三割は打てん。ムリだな。いまの腰を引く打ち方じゃ、三割はムリだ。若いころのキミに、徹底的にこの弱点を直してやらなかったのは、オレの失敗だ。いまからじゃ、もう直らん。だから長嶋、悪いことはいわん。いまが引きぎわだぞ。どうもがいても、キミに三割は打てん」

これまでにも、何度か満座のなかで叱責《しっせき》された覚えはある。しかし、このときほど厳しいことをいわれたのは、これが初めてだった。

ぼくは、自分の肩が小刻《こきざ》みにふるえているのがわかった。

翌日。

ぼくは、まっすぐ前をにらみつけて、後楽園のロッカールームにはいっていった。だれとも、ひとことも口をきかなかった。

きのうの川上監督のひとことひとことが、耳もとにこびりついている。

――どうもがいても打てんぞ――

――いまからじゃ、もう直らん――

よし、打ってやる！　とぼくは誓った。あれだけいわれて引っこんでいたら、男じゃない。どうしても打たなくてはならない。

スタンドは、早くから詰めかけた人、人、人でぎっしりと埋まっていた。

広島に連勝して帰京したあとのこの日の阪神戦。ここで勝てば、まず優勝はまちがいなかった。

阪神の先発は、ぼくが一番ニガ手とする下手投げの上田（二朗）だった。地面を這《は》うように伸びてきて、ホームプレートの上で浮きあがる彼のボール。このタイプは、どうにも打ちづらい。

しかし、そんなニガ手意識は打席にはいった瞬間、どこかへ吹っ飛んでしまっていた。上田だろうが下田だろうが、ボールが砕《くだ》けるほど打ち据《す》えてやる……。ぼくが思いつめていたのは、ただそれだけだった。

そして——。

ぼくは、久しぶりに三本のヒットをカタメ打ちした。一本は先制のタイムリー、一本は追加点のタイムリーである。外角攻めできた上田の速球を、ぼくはぐいと大きく左足を踏みこんで打った。残念ながら、ゲームはあの劇的な田淵の逆転満塁ホーマーで負けた。負けたけれど、ぼくは悔いがなかった。

最後の守備についてからベンチに戻ったとき、ふと川上監督と視線があった。よかったな、というようにその目は笑っていた。

やはり、そうだったのだ。ゆうべのあの厳しく突き放すような叱責は、ぼくを怒らせ、燃えたたせるためのものだったのだ。中途半端な刺激では効果がないとみて、わざとああいう強いことばを使ったのだ。

打ちたい、打ちたいという気持ちにとらわれすぎ、無心でなくなっていたぼくは、あの「三割は打てんぞ」ひとことでカッとなって、頭の中が空っぽになった。なったから、ただ夢中で上田のボールに集中できた。むろん、ぼくという男が、監督の叱責ぐらいで、へこたれるような弱いヤツじゃないことを知ったうえでの言葉のパンチだったろう。

監督という商売は、それにしても、なんとつらいものなのか。なんと非情なものなのか。もう、あのときからぼくに対する監督業の修行《しゅぎょう》が始まっていたのかもしれない。

阪神との第二戦は、しかし、ぼくにとってさらに厳しい試練を用意していた。久しぶりに四番に戻ったぼくは、目の前にころがってきたゴロを右手くすり指に受け、わずか2イニングで退場しなければならなかった。

第三結節の骨折。全治一ヵ月。

三十四年、阪神のバッキーにぶっつけられた箇所が、もろくなっていたらしい。

打球がイレギュラーしたとき、グラブをだせばよかったのに、つい反射的に右手をだしてしまったぼくの責任だった。

真っ赤な血が、指先からポトポトとしたたり落ちた。見ると、指が逆の方向へひんまがっている。

「だいじょうぶか？」

と、のぞきこんだ川上監督の顔から、血の気がひいていくのが、ぼくにはわかった。

プロ入りして初めて、ぼくはグラウンドで泣いた。なみだは、熱いしずくとなって、あとからあとから噴きだしてきた。

春先の死球に始まって、こんどは骨折。痛みからではない。思いを残してしまったことへの痛恨のなみだだった。

最後のシーズン

右手のキズはいえた。

はじめて大仁ごもりをやめたぼくは、いよいよ現役最後のシーズンにはいった。

四十九年四月六日。開幕第一戦のこの日は、カラリと晴れあがっていた。

家では女房が赤飯をたいた。オヤジのぼくの最後の門出《かどで》だったばかりか、この日は長男一茂《かずしげ》の小学三年生の始業式であり、長女有希《ゆき》の幼稚園の始園式でもあった。

「うれしいスタートが、三つも重なったわね。ああ、忙しい、忙しい……」

と、ウチのヤツはほんとうに楽しそうに台所から居間を往復した。

ぼくには、彼女の気持ちがよくわかった。選手・長嶋を開幕試合に送りだす最後の日。センチメンタルになりがちなときを、つとめて楽しげにふるまっているのだろう。

家をでるとき、見あげた空の目にしみるような青さ。互いに引退の〝イ〟の字も口にしないまま、ぼくは後楽園へむかった。

プレーボールがかかる三十分前。ぼくは、ロッカールームのそばにいた出入りの運動具屋さんから、セーム皮の手袋をひとつ買った。

「長嶋さん、早くしないと始まっちゃいますよ。色は何色にします?」

「白。ほら、その真っ白なヤツをくれ」

目にしみるような純白の手袋だった。

プロ入りした十七年前も、上から下まで白ずくめで球場入りして、みんなを驚かせたことがある。白は青春の色、惜別《せきべつ》の色だった。

六回。

ぼくは、レフト中段にライナーですっとんでいくホームランを打った。三つのベースをまわりながら、いつかぼくは白い手袋をはめた両手をバンザイするように振っていた。

このあと、五月のしょっぱなに満塁ホーマー、十日の中日戦では逆転の二塁打を打ったが、調子はじりじりと落ちてきた。ロードの九試合で、ヒットはたった四本。

チームも勝てなかった。

五月末の阪神戦では十七点もとられ、スタンドから座ブトンの雨がふった。球団史上二度目という大量失点に、ぼくは守りながら歯がみするばかりだった。

そのころ、下半身のバネをなんとか取り戻そうとして、ナワとびを始めた。一日のノルマは五百回。慣れてくると、一気に三百回ぶっ通しで跳べるようになった。

だが、ぼくの打率はみるみるさがっていった。一時は二割一分台にまで落ちこんだ。広島へ遠征したときには、スタンドの広島ファンに、頭から紙コップのビールを浴びせられた。

打てども打てども、ヒットはでなかった。それでも、ぼくはコケの一念のようにバットの素振りをくり返した。ときには一時間半、途中でちょっとひと息いれただけで振って振って振りまくった。

「おい、長嶋、ちょっときてくれ」

川上監督に呼ばれたのは、試合前の練習でひと汗かいてロッカールームにはいろうとしたとき。

六月十三日。中日との試合が始まる二時間ほど前であった。

「きょうはスタメンを休んでくれ」

監督の指示は短かった。

スタメン、というのは先発メンバーのことだ。激しいペナント・レースの真っ最中に、九人のメンバーからぼくの名が消えるのは、事実上、これが初めてといっていい。

いつかはこういう日がくる、とは思っていたが、それが現実にきてみると、やはり気持ちは複雑だった。

「わかりました」

そう監督にこたえながら、無理に笑おうとした。が、ホオのあたりがニカワでもくっつけたみたいにこわばっていた。

七回に代打で出場したけれど、スタンドの万雷《ばんらい》の拍手が、このときほど耳に痛く響いたことはなかった。ユニホームを着ている限り、一歩もひけない、それが生きがいだ、と思いこんでいるぼくのような男にとって、ダッグアウトの椅子《いす》のつめたさは、なんともいえないほどこたえた。

試合後、ロッカールームを一歩でたとたん、カメラのライトがぼくを照らした。びっくりするくらい大勢の報道陣だった。引退の声明でもはじめると早合点《はやがてん》したのだろうか。

ぼくは、平静だった。

「おーっ、きょうはどうしたの。たまに休むとお座敷がかかるなあ」

と冗談をとばして、みんなを笑わせ、

「気分転換になって、きょうみたいなのもいいんじゃないの」

そういって、さっと球場をあとにした。

わざと強がったり、ひがんだりするつもりは正直、ぼくにはなかった。これでいいのだと、すっぱり割り切っていた。

ベンチを暖めるのもいいじゃないか。この体験が苦《にが》ければ苦いだけ、あとで生きてくる……。ぼくはそう思った。

六月のなかばを過ぎてから、ぼくに今度はトップ打者の新しいオーダーがまわってきた。試合にさえ出られれば、何番だっていい、というのがぼくの気持ちだった。

「よし、それならひとつ、きょうは往年の俊足《しゅんそく》ぶりをお見せしましょう」

川上監督にそういうと、

「うん。なんでもやってみることだよ。ワシも最後のシーズンは二番を打ったものさ」

と、監督はヘンな自慢（？）をした。

聞くところによると、あの大打者メイズでさえ、マッコビーがどんと四番にすわったジャイアンツ時代の終わりごろ、三番からトップへあがって、〝万年青年〟といわれたニックネームそのまま、楽しそうにプレーしていたという。ジメジメと考えこむことはなにもない。

トップのつぎは五番、そのつぎの試合では三番……とぼくの打順はめまぐるしく変わった。マスコミがどう論評しようと、ぼくはいっこうに反応しなかった。ぼくから、グチや泣きごとを引きだすのは、どだいムリなのである。

引退セレモニーで。川上監督やチームメイトと別れの握手をする（昭和49年）

巨人担当の記者たちは、ぼくがいつもケロッとしているので、ずいぶん判断を狂わされたようだ。
「あの調子なら、ほんとにもう一、二年プレーするんじゃないか」
という声も、ずいぶん耳にした。どんな逆境にいても、サラッとしていられる自分の強さが、ぼくには意外でもあり、うれしくもあった。

川上監督が現役にピリオドを打ったのは、三十八歳のときだった。カネさんも、やはり三十八歳。ヤマさんこと山内（一弘＝元中日監督）さんもそうだ。

四十九年十月十四日。すでに二十年ぶりの優勝がきまっていた中日との最終戦が、ぼくにとって、現役最後の公式戦となった。佐藤投手から打ったぼくの最後の打球は、ショートの三好のやや右へころがっていった。

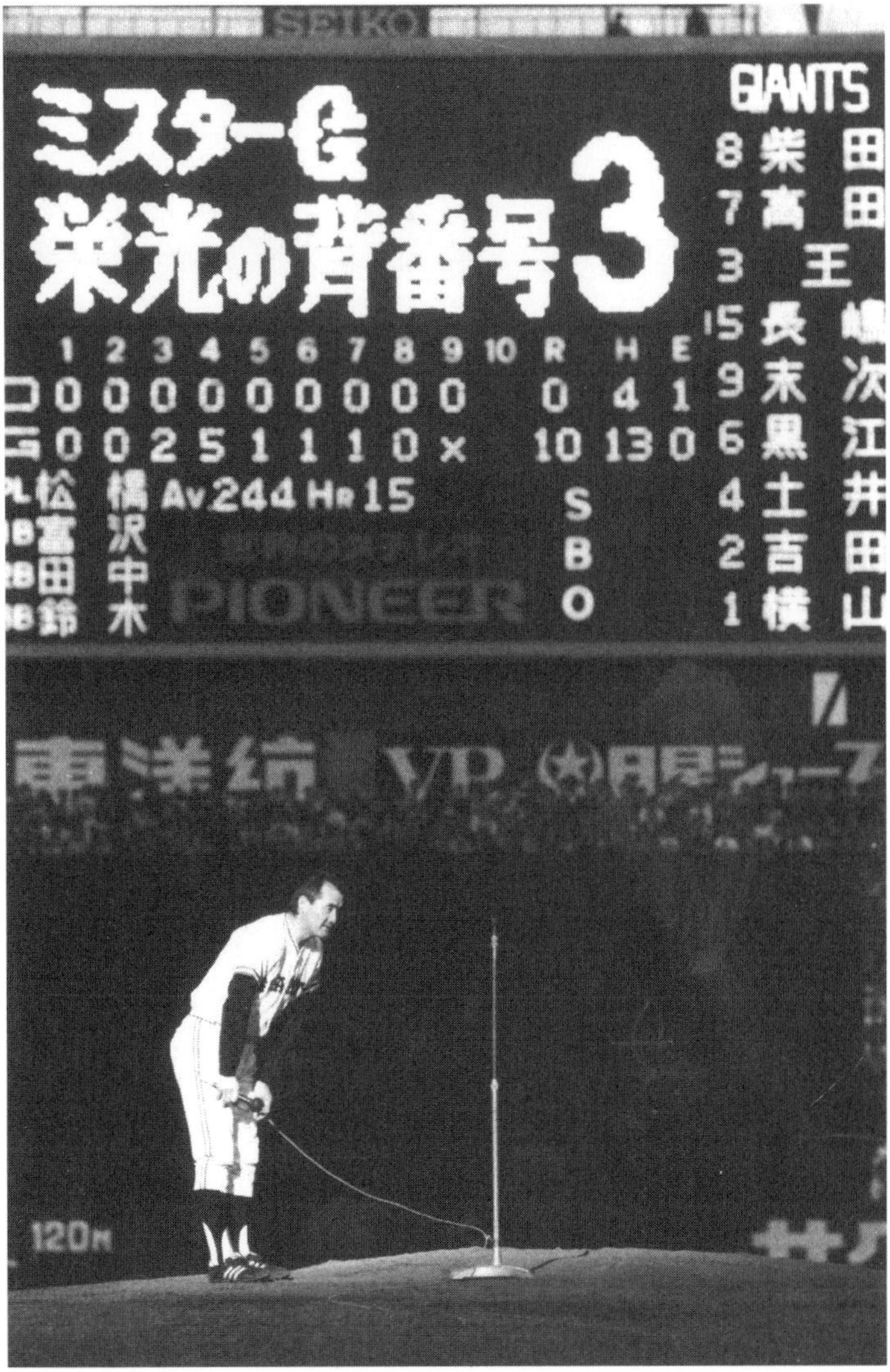
SEIKO
GIANTS
ミスターG
栄光の背番号3
1 2 3 4 5 6 7 8 9 10 R H E
0 0 0 0 0 0 0 0 0 0 4 1
0 0 2 5 1 1 1 0 × 10 13 0
8 柴田
7 高田
3 王
9 末次
6 黒江
4 土井
2 吉田
1 横山
松橋 Av244 Hr15
富沢
田中
鈴木
S
B
O
PIONEER
120M

秋晴れの下、スタンドを埋めつくしたファンのすさまじい拍手。ファーストを懸命に駆け抜けたとき、やるだけやったという爽《さわ》やかな充実感が、ぼくを満たしていた。別離のかなしみはなかった。

十七年間にわたって燃え、打ち、走ってきたぼくの通算成績は、出場試合数二千百八十六、打率三割五厘二毛、ヒット総数二千四百七十一本、ホームラン四百四十四本、打点千五百二十二、得点千二百七十。

それは、長嶋茂雄という男が残したせい一杯のたたかいの記録でもあった。

第3章　野球との出会い

チビのガキ大将

いまは千葉県の佐倉《さくら》市に編入されているが、印旛沼《いんばぬま》に面した臼井《うすい》という町で、ぼくは生まれた。

青年将校が反乱をおこしたあの有名な二・二六事件の六日前、昭和十一年二月二十日のことだ。オギャーと第一声を放ったのは、真夜中の一時ごろだったらしい。

そのときの目方は三・二キロ（八百五十匁《モンメ》）、オフクロの三十五歳のときの子供だった。二男二女の末っ子である。

ぼくのオフクロはちょといって、五黄《ごおう》の寅《とら》年生まれ。気が強い反面、とても情にもろい。それは未だに変わらない。もう七十歳をこえて、いいおばあちゃんになったけれど、野球はテレビでよく見ていてくれる。

現役をやめる決心をしたころ、このオフクロの顔が無性《むしょう》に見たくなった。クルマで佐倉までずっとんでいったら、

「長いあいだ、ようがんばったね。あとのことは、茂雄の思うようにおやり」

オフクロは、そういってくれた。

現役のころのテレビを見ているときは、ハラハラのし通しで、

「いくつになっても、子供は子供だねえ。茂雄がバッターボックスに立つと、胸が迫って、ろくにテレビを見ていなかったよ」

というオフクロだ。

佐倉には昔から六十年にいっぺん、子から親に紫色の衣類をプレゼントすると長生きしてくれる、といういい伝えがある。ぼくは、オフクロがちょうど七十歳になったときに、紫色の座ブトンを贈った。

オフクロは、その座ブトンを大事に、大事に使っていてくれるらしく、つい先日いったときもちゃんとそれをおしりに当てていた。

そんなオフクロだが、ぼくが生まれたときは名前をつけるのに、だいぶ迷ったらしい。

オヤジは利《とし》、といって町役場の収入役や助役をやっていた。でっぷりと太って、温厚そ

のものの性格。田舎ではいい意味のボス的存在だった。

ふたりであれこれ考えて、最後に残った名前は、
茂雄　正雄
の二つだったそうだ。

オヤジが「これにしよう」と断をくだしたので、いまの茂雄に落ちついたのだが、ひょっとしたら「長嶋正雄」という名前の選手が、誕生する可能性もあったわけだ。

その当時は、ミルクなどというしゃれた飲みものは田舎にあまりなかったから、もっぱらぼくはオフクロの母乳で育った。ふつうより小さ目の赤ん坊だったが、まったくの病気知らずで、医者にかかったことはなかったそうだ。

ぼくが小学校に入ったのは、戦時色がいっそう濃くなってきた昭和十七年。そのころは小学校といわずに、国民学校という呼び名だった。

町立臼井国民学校の一年生である。

学校の行き帰りに、カーキ色の軍服姿も勇ましい兵隊さんの行進とよく出会った。佐倉五七《ごーなな》連隊、別名「いも連隊」。佐倉特産のいもを食べて育ったから強かったのかどうかは別として、上海ウースン・クリークの激戦で大いに奮戦したことで知られている。

「オイッチニ、オイッチニ……」

小声でそんな号令をかけながら、ぼくはよく行進のあとについていった。

そのころのぼくは、クラスでも一番のチビだった。毎日の朝礼でも、列の最後列にくっついて並んでいた。

しかし、走ることは得意で、足は速かった。徒競走なんかでは、倍くらいもある大きな体の上級生といっしょに走って、いつも大差をつけてゴールインした。体操の時間になるのを、毎度、首を長くして待ちかまえていたものだった。

終戦を迎えたのは、小学四年の夏のことである。その一、二年前から、ずいぶんB29が飛ぶのを見た。駿河湾《するがわん》から富士を目標にしてはいってきて、東京に爆弾を落とし、房総沖《ぼうそうおき》へ抜けるのがB29のコース。ぼくの住んでいた佐倉は、ちょうど帰り道にあたっていた。

東京を爆撃したB29が、残りの爆弾を落としていって、近くの山林が派手に燃えあがったことはあるが、幸い空襲らしい空襲には会わなかった。

それより、焼夷弾《しょういだん》でもばらまかれたのか、ある日、山から東京の方角をみると、空がいちめん血に染まったように赤くなっているのが、ぼくには強烈な印象として残っている。

「おりてこい！　卑怯者《ひきょうもの》……」

上空を、ジュラルミン製の機影をきらめかせて飛びすぎるB29にむかって、石っころを投げつけていたのだから、いま考えるとおかしい。

終戦の玉音《ぎょくおん》放送を聞き、おとなたちのただならぬ動きから、戦争が終わったのはわかったが、なにしろ小学四年生である。相変わらず、のんびりと印旛沼へ出かけていっては、越中《えっちゅう》ふんどし一丁で遊びまわっていた。

しかし、戦争に負けると同時に、水遊びや竹馬などよりずっとおもしろい遊びが佐倉一帯にはやりだした。戦時中は、敵性スポーツとして白い目をむけられていた野球である。

もともと、千葉県という土地は野球と縁が深い。月明かりの夜、レンガのへいを相手にピッチング練習してとうとう五寸（十五センチ）大の穴をあけた旧制一高の伝説的な名投手、守山恒太郎《もりやまつねたろう》という人も、この千葉で少年時代を送っている。

この人は、あまりむちゃな練習をやりすぎて左腕が曲がってしまい、「なにくそ！」とその腕をサクラの木の枝につるして矯《た》め直してしまったという、ものすごいガッツの持ち主である。

銚子醤油《ちょうししょうゆ》の初代社長として郷土の信望を集めている故人の浜口吉兵衛さんも、かつてはこの旧制一高の野球部で活躍した。

しかし、十一歳の子供がそんな伝統を知っているわけはない。世のなかにこんなおもしろい遊びがあったのか、という単純な気持ちで夢中になってのめりこんでいっただけのことだった。テレビもなければ、パチンコ屋もない。自分の体を動かして遊ぶものが、ほかにはなにもない時代である。

兄の武彦は、臼井町の青年団の若い衆がつくったチームにはいっていた。物不足のころだからユニホームもろくにそろっていない。ときたま、野良着のままのオッさんが、

「オレにも打たせろ」

と飛び入りしてくるような、のどかなチームだった。

それでもニックネームだけはちゃんとついていて〝ハヤテ・クラブ〟といった。

この当時、草野球をやっていた人は覚えがあるだろうが、たとえ三角ベースしかやらないチームでも〝ヤンキース〟だの〝ライオン〟だの、それぞれ立派な（？）ニックネームだけはつけていたものだ。

ワンちゃんことウチの王も、子供のころは〝厩四《うまよん》ケープハーツ〟というチームに所属していたそうだ。浅草は厩橋《うまやばし》四丁目のチームというわけだ。

兄は〝ハヤテ・クラブ〟でレフトを守っていた。

ときどき、

「茂雄もくるか？」

と、連れていってくれた。今でいえば練習要員、つまりタマ拾いが仕事だった。外野でボールを追っかけている合い間に、青竹を切って作った手製のバットで、見よう見真似《みまね》で

スイングしたり、とにかく、タマ拾いでもなんでも楽しくてしょうがなかった。

兄はどこで手に入れたのか、本皮製のグローブをひとつ持っていた。本皮特有のツンとくるようなにおいと、しなやかな手ざわりがうらやましくてたまらない。

オヤジは、そういうぼくの気持ちを察したのだろう。ある日、朝おきると、ぼくの枕もとにそっと新品のグローブを置いておいてくれた。

「これ、ぼくの?」

「そうだよ。茂雄があんまり熱心だからな、千葉市へいったついでに買ってきたんだよ」

兄の持っているような本皮のグローブではなく、薄いグリーンの布製で、ボールを受けるポケットにだけ皮を使ってあるグローブだった。手の小さな小学生のぼくに合いそうなのは、このタイプしかなかったらしい。

ぼくはうれしくてたまらなかった。外は雨でもお構いなしに、兄を引っぱりだしてキャッチボールした。グローブさえあれば大いばりである。とうとう小学生のくせに、倍も歳のちがう若い衆にまじって〝ハヤテ・クラブ〟のレギュラーに割りこむのに成功した。

最初のポジションはショートだった。

竹のバットと手製のボール

晴れて〝ハヤテ・クラブ〟のレギュラーになったが、そのころはボール作りのほうが忙しかった。

ビー玉をシンにして、ほした里イモの茎を細くほぐしたものをくるくると巻きつけ、その上に布を貼りあわせる。ひょうたん型に切りとった布を二枚、ぴったりと合わせて糸でかがっていくのだが、この作業がぼくにはどうもニガ手だった。

「どれ、貸しなさい」

オフクロが、みかねて手伝ってくれたものである。

そのころのオフクロは、田畑の大部分を近所の人に貸し、じぶんちで食べる分だけを、作っていた。野良仕事でひびわれたオフクロの手が、魔法のようにすばやくボールを縫ってくれる。それを待ちかねて、表へ飛びだしていく毎日だった。

〝ハヤテ・クラブ〟の監督は辻千代治さんといって、町の信用金庫につとめるかたわら、料亭「米新」を営んでいた。その関係かどうか、メンバーは町内の若ダンナや、農家の二、三男坊が多かった。

本式のバットはまだ貴重品で、もっぱら近くの山から切ってきた杉丸太をけずって使った。ぼくは相変わらず竹バットを愛用していた。道具はお粗末で、ルールなども怪しげなものだったが、とにかく楽しくてたまらなかった。野球というスポーツには、若者を夢中にさせるなにかがあったのかもしれない。

そのうち、耳寄りな情報がはいってきた。

ボールのシンにぴったりの白いゴムのタマが、鷹野台あたりにたくさんころがっている、というのだ。

鷹野台といえば、昔から千葉県で有名なゴルフの名門コース。進駐軍関係者がここでゴルフを楽しんでいたのだが、当時のぼくたち小学生には、ゴルフなんてスポーツは見たことも聞いたこともない。

コースの外に散らばっているロストボールを、だれかが手に入れてきてからというもの、〝長嶋ボール製造工場〟はフル回転。これまでのビー玉のシンとちがい、作るのは楽だし、打っても実によく飛ぶ。

進駐軍のおかげで、わが〝ハヤテ・クラブ〟のバッティング技術もなんだか急にレベルアップした。

そのころ、臼井小学校では野球だけではなく、ジャンプと競走の選手としても、ちょっとばかり鳴らしていた。

近くの志津小学校には、ぼくのライバルがいた。そのライバルも、ジャンプと競走では抜群という評判だった。

たしか、村山という名前だった。

五年生のとき、ぼくの担任は予科練帰りの威勢のいい小倉《おぐら》先生で、この志津小との対抗競技会の当日には、ものすごい顔つきでぼくにハッパをかけた。

「おい、長嶋。あの村山にだけは絶対に負けるなよ」

敢闘《かんとう》精神のかたまりみたいな小倉先生は、なにかというと精神力を強調した。いまはこういうタイプの教師は少なくなったようだが、当時のぼくにとっては先生のひとことは金《きん》科玉条《かぎょくじょう》のようなもの。

六十メートル競走と、走り幅とびの二種目に出場したぼくは、死にもの狂いでがんばった。その結果、ライバル村山に勝ち、優勝旗もわが臼井小に渡った。

「よくやった！」

感激屋の小倉先生は、泣いて喜んでくれた。

それにしても、最初のライバルの名前が〝村山〟だったのは、今おもうと奇妙な符合である。それから十何年かたって、ぼくはタイガースの村山と、お互いコン限りの力をふりしぼってぶつかり合うことになったのだから……。

佐倉中学一年生

昭和二十三年春、ぼくは中学に進んだ。

今は佐倉中学と名を変えているが、ぼくが入ったころは、佐倉・臼井二町組合立中学という舌をかみそうな長い校名だった。

校舎は、旧佐倉五七《ごーなな》連隊が使っていた兵舎である。

板張りの教室や廊下に、まだ軍靴《ぐんか》のにおいが生々《なまなま》しく残っているようなところで、一歩校舎にはいると、

「オイッチニ、オイッチニ……」

と、かけ声の一つでもかけたくなるムードだった。

原型のまま残っているのと、東京からそう遠くないのでねらわれたのだろう。ぼくが入学して間もなく、映画のロケ班がくりこんできた。

山本薩夫監督の『真空地帯』のロケである。

教室の机や椅子を片づけ、窓ガラスに爆風よけの紙切れを米ジルシ型にベタベタ貼りつ

けると、それで準備完了。なにしろ、セットではなくて本物の兵舎なのだから、仕事は早い。

人一倍ヤジ馬根性《こんじょう》のつよいぼくは、授業もそこそこに、自慢の俊足をとばして見物に駆けつけた。

「オリャーッ！」

すごい気合いが教室いっぱいに響く。びっくりしてのぞきこむと、主演の木村功が猛烈なビンタをくってすっ飛ばされるシーンの撮影だった。ほんとうに撲《なぐ》っているのではないとわかっていても、思わず目をつぶってしまうほどの迫力。それに、ちょっと下ぶくれの利根はる恵という女優さんが放射するお色気の迫力（？）にも、たじたじとなった。

この映画は、封切りを待ちかねてイの一番に近くの映画館で見たが、しばらくのあいだは、

「オリャーッ！」

と気合いをかけてビンタをくわす真似ばかりやっていた。なにごとでも、すぐに影響されてしまう純情な中学生だったわけだ。

ぼくの家からは、電車で通学した。臼井から佐倉まで、京成電車でわずか一駅だけの定期券を使うのが、うれしくてたまらなかった時期である。

その電車通学の第一日に、ふだんおとなしいぼくがケンカ騒ぎをおこしてしまった。生まれて初めての本格的なケンカだった。

原因はたわいのないことだった。

佐倉駅の改札口を出たとたん、だれかに思いきり足を踏んづけられたのである。

「痛いじゃないか！」

というと、小柄なぼくをなめたのか、その中学生はフンと鼻で笑って、

「そんなところでボヤボヤしてるからだ。どけよ！」

肩で強引にぼくを押しのけて通ろうとした。

「あやまれよ、人の足ふんづけて……」

「へっ。なんでオレがあやまんなきゃならないんだ。どけ、どけ！」

ぼくはカッとなって、その中学生にむしゃぶりついていった。

たまたま現場を通りかかった中学の先生がなかに入って大事《おおごと》にはならなかったが、この事件で〝チビの一年生〟の勇名（？）が全校にとどろいた。

もちろん、ケンカらしいケンカはそれ一度だけ。ぼくは佐倉中にはいるなり、わき目もふらずに野球部を志願した。〝ハヤテ・クラブ〟で鍛《きた》えた竹バットの威力をみせるチャンスが、いまこそやってきたのである。

逆転のランニング・ホーマー

その当時、佐倉中の野球部を志願した一年坊主はざっと百人ほどいた。レギュラーは三年生で固まっていて、とうてい新入生が割りこむ余地はない。ましてや、その新入生のなかでも一番のチビである。

しかし、恐いもの知らずというか、ぼくは特別「これはたいへんだ」とも思わなかった。すばしっこさにかけては、人に負けない自信があった。

一年の担任は、佐藤裕善先生だった。

お寺の息子さんで、名前の通りユーゼンとしていて、ぼくらは仲間うちで「裕さん」と呼んでいた。

その裕さんが、授業中にめずらしくお説教したことがある。

だれかが教室に持ちこんだブロマイドの束《たば》がことの発端《ほったん》だった。裕さんはそれを発見するなり、急に厳しい口調で、

「みんな正座しろ。椅子じゃない。机の上に、だ！　ちょっと話しておくことがある」

といった。

ぼくも固い机の上に正座して、いったい何が始まるのか、と思いながら神妙に頭をたれた。

「……いいか。きょう、この教室にプロ野球選手のブロマイドなどを持ってきた生徒がいる。このあいだ、キミたちの将来の希望について調査したときも、ほとんどの生徒が〝プロ野球の選手になりたい〟と書いておった。とんでもないことだぞ。いいか、プロ野球のスターちゅうのは、千万人にひとりしかなれないものなのだ。みんな、もっと地道に自分の将来のことを考えろ……」

実は、このぼくも配られたアンケート用紙に〝プロ野球の選手になりたい〟と書きこんだ口だった。

本気でそんな夢を追っていたわけではない。ただ、ボンヤリとそう思っていただけだった。

佐倉中学ではトップで、ショートを守った

――六三制、野球ばかりが強くなり――

こんな皮肉がいわれるほど、その当時はみんな野球に熱中していた。ほかにもスポーツはないわけではなかったが、どういうものか、野球、野球で日が暮れる毎日だった。理屈はどうであれ、とにかく、ぼくは野球が好きだったのである。

一年生なのに、その秋からぼくはすばしっこさを買われてレギュラーに選ばれた。トップを打ち、ポジションはショートだった。かつての阪神の吉田（義男）さんタイプのメイ遊撃手である。

二年生になって打順は三番。このころから背が急に伸びはじめた。放課後の野球部の練習は激しいことで有名だったが、一度もサボらず夢中になってやっているうち、ドンドン伸びだしたのである。

三年に進んだころは、クラスのなかでも中以上の身長になった。その年の夏に着ていた制服の上着が、秋にはツンツルテンになってもう着られなくなった。計《はか》ってみたら、身長は一メートル六六に達していた。

「シゲはよう育ったな」

まるで畑のダイコンでも値踏みするみたいに、オヤジがつくづく嘆息《たんそく》したのを覚えている。

冬のオーバーもツンツルテン。仕方なくオヤジにねだって東京まで出かけ、新宿でつるしのオーバーを買った。

身長の伸びがいいだけあって、そのころのぼくは実によく食った。学校給食などない時代である。ドカベン（大型のアルマイト製べんとう箱）にこってりと詰めてもらったご飯だけでは足りず、練習が終わると学校の裏門近くの駄菓子屋まで猛ダッシュした。

最近はパンだかケーキだかわからないようなパン類がふえたが、そのころはごく単純な形をしたコッペパンか、ぐるぐるとメリケン粉を巻きつけて焼いただけの渦巻きパンぐらいしか売っていない。

「オバさん、いつものヤツ……」

「また？　きょうはいくつ食べるのかね」

コッペパンを真っ二つにタテ割りにしたヤツに、ジャムを塗りつけたのが、ぼくの〝定食〟だった。

オバさんは心得ていて、ぼくだけ特別に分厚くジャムを塗りつけてサービスしてくれたものだ。

野球部では、ぼくはキャプテンになっていた。バッティングはまずまずだったが、足の速さは相変わらずだった。

印旛郡の中学対抗野球大会でも、ぼくのイダ天ぶりがものをいった。

この大会、トントン拍子で勝った佐倉中は、決勝で酒々井《しすい》中とぶつかった。二対三とリードされた九回裏のドタン場に、

「頼むぞ！」

という母校の応援団の声援を背に、ぼくが打席にはいった。

思い切って打った打球はセンター右へ抜けるゴロのヒット。ぼくは帽子を飛ばして駆けに駆け、ランニング・ホーマーにしてしまった。逆転の2ランである。

ここぞというときに、自分のバットで勝負を決める快感を、この試合で生まれて初めて味わった。

「よかった、よかった」

ナインに肩をどやされながら、ぼくは、

「裕さんが喜ぶだろうな」としみじみおもった。

裕さんこと佐藤裕善先生は、三年四組の担任。つまりぼくらのクラスの先生だった。ぼくは三年間ずっと裕さんにお世話になったことになる。

野球に夢中になっていたから、学課のほうは中の下、というところだった。体操が5、国語、社会がともに4、あとはムニャムニャという成績だった。

四組は、全部で四十七人いた。

その〝四十七士〟が相談して、卒業記念になにか裕さんにプレゼントしようということになった。

「なにがいいかなあ？」

「上等の万年筆かなにかにするか」

議論百出《ひゃくしゅつ》したが、

「みんなが記念の寄せ書きをできるものがいいんじゃないかな？」

というぼくの案が通って、整理ダンスを贈ることにきまった。

タンスのうしろの板やら、ひきだしの裏やらに、みんなで一生懸命サインした。

この整理ダンスを、裕さんは今でも家宝のように大切にしてくれているという。教師になって初めて受けもったクラスが、ぼくたちだったせいか、裕さんは生徒にほんとうのスキンシップで接してくれた。

同じクラスで、野球部でも一番の仲よしだった高橋に、ぼくはお別れにあたって、長文の寄せ書きを贈った。


　桜花らんまんたる四月、私は貴君達と胸を躍らせ、希望に燃えて佐倉中学の校門をくぐりました。

それがはや後《あと》数日で別れねばなりません。今ふり返って見れば、数々の想い出がくり出され胸がつまるような感じがします。

一番印象に残るのは何んといっても野球でありました。野球といえば郡で優勝し、又さらにブロック大会にまで出場し、あの時の試合に敗戦したのが印象に残ります。

やがて学校を去り、広い広い社会へ進みますが、如何《いか》なる艱難《かんなん》にあっても屈する事なく、如何なる悲しみにあっても希望の光を見失う事なく、何時も微笑して心ひろびろと、周囲を清く明るく、お互いに行きませう。（中略）

「明日の事を思い煩《わずら》うな、明日は明日みづから思い煩わん、一日の苦労は一日にて足れり」と言う言葉があります。何もかもはっきりとわかる日、正しい者、真面目《まじめ》に努力する者のみが栄える歓喜の世界がやがて来ませう。

スポーツをやるにしろ、何んの運動をやるにしろ、健康第一、雨にも雪にも負けないで、いや雨を喜び雪を楽しむというやうな気持で晴々しい日々を迎えるようお祈りします。

何時《いつ》も明るい太陽の下で、喜び勇んで共に勉学する日をあの美しい夢を描いております。

又あふ日まで、ではさようなら。
千葉県印旛郡臼井町臼井一七番地

佐倉中学野球部主将　長嶋茂雄

いま読み返してみると、ところどころ旧仮名づかいが混じっていたり、文意が混乱していたりするが、なにしろ中学生のメイ文である。

しかし、このころからぼくは、あんまり物事を深刻に受けとめようとしないタイプだったようだ。スポーツは明るく爽やかにやるべし。それが中学生のころからのぼくのモットーでもあった。

また、野球選手に限らずスポーツで一流をこころざす人は、気持ちが素直でなくてはいけないとぼくは思う。いつも純でなくては大成しない。

進学と野球

ぼくが佐倉中学を卒業するまぎわに、早くもスカウトの手が伸びてきたらしい。スカウト、といっても、もちろんプロ野球のではない。名門・千葉一高からの勧誘だ。

担任の裕さんのところへかなり熱心に誘いがかかったという。印旛郡大会でのぼくのプレーをだれか見ていてくれたのだろう。

そのころ、臼井の田舎では、〝上《のぼ》り線はグレる〟という見方をする人が多かった。京成電車の上り線、千葉、船橋方面の高校へいくのはよくないというわけだ。

うちのオヤジは、そんな風評をてんから問題にしてはいなかった。ただ、市町村の助役会や収入役会に出席するたびに、「どこの高校は進学率がいい」「どこが悪い」という情報を集めていたらしかった。

当時の千葉一高は、進学率もよかったし、野球も強かった。県下では、成田高、銚子商、市川高、それにこの千葉一高が野球でAクラスだった。

オヤジは野球よりは、すこしでもいい大学に入れて一流会社にでも就職させようと考えていたのだろう。

「茂雄よ。一高にはいって勉強したほうが将来のためになるんじゃないか。野球をやりたいのなら、あそこにもいい部があるだろう」

「でも……」

「お前の担任の佐藤先生も、やっぱり一高へいったほうがいいとすすめてくれてるぞ」

「だけど、一高は通うのに遠いよ」

「それくらいのこと、なんでもない。電車のなかで本を読みなさい、本を……」

「そんな。同じ一高でも、ぼく、佐倉の一高へはいりたいよ。佐高へいきたいんだ」

「………」

末っ子のぼくには、とりわけ甘かったオヤジは、ぼくが意外に強硬なのでとうとう黙ってしまった。

千葉一高に通学するには、臼井のぼくの家から小一時間はかかる。京成電車でいったん津田沼まで出て、そこから国鉄総武線に乗り換えて千葉市に出る。

実は、佐倉一高の野球部員から、

「おい、キミが長嶋か。頼むよ」

と、入部を頼みこまれたのが、ぼくの気持ちに引っかかっていた。そのころ、ぼくらの間で、〝佐高〟と呼んでいた佐倉一高は三年計画で野球部の強化にとりかかっていた。兄弟校の佐倉中学の練習を見にきて、目ぼしい新人を物色していたのもそのためで、ぼくが中学を卒業する年が、その三年計画の一年目に当たっていた。

なにしろ〝ブラザー〟のピンチである。Bクラス脱出の悲願をかけていると聞いては、黙っていられない。だから、めったなことでオヤジにさからったことのないぼくが、初めて強硬に自分の意思を通したわけである。

オヤジも最後には、

「そこまで茂雄がいうんなら……」

と、気持ちよく許してくれた。


全校あげて強化に熱中していただけあって、佐倉一高の練習は、中学のときとはくらべものにならないほど激しかった。

守備練習の前になると、先輩がなみなみと水をたたえたバケツを用意する。

それをデンとグラウンドのすみにおいて、

「それ、いくぞっ！」

と、千本ノックの開始だ。

へばってグラウンドの上にのびてしまうと、バケツの水を頭からザアーッとかける。

こういうスパルタ式の練習に耐えかねて、やめていく部員が続出した。

ぼくは歯をくいしばってがんばった。オヤジを説得してこの学校に入ってきたのだから、ここで、ネをあげるわけにはいかない。というより、人より特別、野球好きにできているのか、ぼくにはどんな練習も不思議と苦にならなかった。

一年生でいきなりレギュラーで六番を打ち、二年生になって四番を打たされた。このころでも、ぼくの身長はまだぐんぐん伸びていた。二年の春の体力検査のとき、ひょいとゲージをみると、一メートル七〇という目盛りが出ている。

なんだか心配になって、保健の先生に質問した。

「あのう、ぼく、背が伸びる病気じゃないでしょうね。中学のころとくらべると、たっぷり十センチは伸びたんですが……」

保健の先生は、メガネをかけ直してしげしげとぼくの顔をながめ、記録を調べ、またぼくの顔をながめ、それから、あきれたようにいった。

「百万人の一人だよ。馬鹿だっぺ」

第4章　一本のホームラン

柿の木の下で

佐倉のぼくの家の庭に、一本の柿の木がある。樹齢三十年ほどの古い木だ。今でも帰るたびに、この木の下に立ってバットを振る真似をしてみる。

「茂雄は、いつもそれをしなきゃ気がすまないんだね」

オフクロは笑うが、ぼくはこの柿の木をみると、つい吸い寄せられるようにして近づいてしまう。スイングをしながら、ぼくの思いは高校二年の昔にかえっていく……。

テレビがまだないころだった。

佐倉一高二年になって、ますます野球がおもしろくなってきたぼくは、よく電車に乗って東京・水道橋まで遠征した。

電車をおりる前から、もう胸がドキドキしている。駅に着くなり、階段なんか飛んでおりて出札口に駆けだしていく。そこから短距離ランナーのような勢いで、後楽園球場の切符売り場へ駆けこむのだった。

プロ野球のブームは、草深い千葉の片田舎でくすぶっていたぼくのような少年まで、トリコにしていたのである。

ぼくの〝指定席〟はきまっていた。駅の出札口から飛びだすと、正面の切符売り場には目もくれず、スタンドのカーブに突き当たって右側へまわりこみ、裏口の外野席窓口に息せき切って駆けつけるのだ。

あんまり強くにぎりしめてしわくちゃになった百円札をだし、今度はスタンドの急階段を一気に駆けあがる。

そこがぼくの〝指定席〟だった。外野のフェンス沿いのグリーンボックス。そこからじーっと観察するのだった。

選手のどんなこまかい動きでも見落とさないよう、まわりの人に話しかけられても返事もしない。当時のぼくぐらい、熱心にバッティングばかり注視していたファンも少なかったただろう。

なにもかも我流だったぼくは、なんとかしてプロの選手の技術を吸いとろうとして必死だった。ゲームの勝ち負けなんかは、どうでもよかった。

川上（哲治）、青田（昇）、千葉（茂）……。阪神では別当（薫）、藤村（富美男）……。そうそうたるスタープレーヤーたちのバットの構え、スタンスの位置、そして振り切ったあとのフォロースルー。そればかりを目をサラのようにして観察するのである。

いわば〝人間ビデオテープ〟みたいなものだった。自分の目にしっかりと焼きつけてきたスター選手たちのバッティングを、家に帰ってから再現する。

その再現する場所が、庭の柿の木の下だった。

水道橋からまた電車で帰ってくるのだから、家に着くころには、とっぷりと日が暮れている。

ぼくはバットを二、三本さげて、そーっと足音を忍ばせて庭に出る。ネクスト・バッターズ・サークルでバットとバットをカチンと打ち合わせて、のっそりとボックスに歩きだす巨人軍の名二塁手・千葉さんの癖から始めるわけだ。そのためには、バットも一本では具合が悪い。

カチンと鳴らしたあとは、まず右打ちではあるが川上さんの構えの真似。そして最後はレフトポールぎりぎりにライナーのホームランをすくいあげる青田さんの物真似。そのころの阪神ダイナマイト打線は、わりにバットを寝かせて構えるタイプのバッターが多かった。

例外は、メガネをキラリと光らせてきれいなフォームでホームランを打つ別当さん。打つ前にひょいとバットをおこす特徴も、もちろん柿の木の下で実演だ。

ひと通りおさらいをしたあと、いよいよぼくの独壇場《どくだんじょう》にはいる。

「バッターは四番・長嶋です。ゆうゆうとボックスにはいります。構えました。第一球はカーブ。ボールです。……カウントはワン・ボール。さあ、どうでしょう？　第二球、ピッチャー投げました。長嶋、打ちましたっ！　ボールはぐんぐん伸びております。センター、バック、センター、バック……。しかし、あきらめました。ホームラン、長嶋、みごとなホームランです」

なにしろ多感な高校二年生である。

昼間、後楽園で見てきたばかりのゲームに、そっくり自分をはめこんで陶酔してしまうのもムリはない。当時は、ほかに夢中になれるようなものはなにもなかったし、ぼくは人一倍、劇的なものに酔いやすいタイプだったからだ。

ことの良し悪しは、問題外だった。

ぼくにとっては、庭の柿の木の下が後楽園であり、バットを振っているのはジャイアンツの四番・長嶋であった。

ときどき熟した柿をふんづけては、ハッとわれに返るが、すぐまた自作自演の実況アナウンスを声を殺して始めるのだった。

「……長嶋、いま一塁ベースをまわって、二塁にむかっています。ゆっくりまわっています。いまホームインです。さすが四番バッターです……」

オヤジやオフクロは、ほほえましい思いで見ていてくれたのだろう。息子がこうやって夕闇《ゆうやみ》のなかでなにかブツブツ呟《つぶや》きながら、バットを振っているのは、もちろん知っているはずだった。

一時間以上も夢中でやっているぼくを、二人ともひとこともとがめだてしなかった。ぼくは、夕闇のなかでたしかに見たのだった。目にみえない白いボールが、はるか彼方《かなた》へ小さな点となって消えていくのを……。

サード・長嶋の誕生

佐倉一高は、古い歴史をもつ学校だ。

前身は堀田藩十一万五千石の藩校《はんこう》で、ここは関東における蘭学の一大中心地ともなっていたという。

明治になって鹿山学校と改められ、佐倉中学から佐倉一高、そして現在の佐倉高校と変わったが、この間百七十年にわたって伝統をうけついできた。

ただ、そういう古い学校だけに、グラウンドは野球むきにできていなかった。右中間がうんと浅くて、せいぜいホームプレートから八十メートルぐらいしかなく、おまけにセンター後方には講堂がでんとすわっていた。

当時のぼくは、センター中心に打ち返すバッティングだった。というと、なんだか好打者のように聞こえるが、ほんとうは、そういうバッティング以外の打ち方はできなかった。インコースのタマがまるっきり打てないから、打球がレフト方向へ飛ぶことはまるでなし。真ん中からアウトコース寄りのタマ専門に打つものだから、自然、打球はセンター中心に集中した。

ところが、夕暮れどきの実況つきバット・スイングで鍛えた(!!)ぼくの打球が、二年の秋ごろから急に伸びだした。一見、フワッと高くあがるフライのように見えて、ぐんぐん伸びるようになってきた。八十メートルどころか、九十メートル以上は、飛ぶようになった。その打球がぜんぶセンター中心に飛ぶ。

センターの後方には、重たそうな屋根ガワラを乗せた講堂がある。

ぼくの打球は、そのカワラにビシッビシッと命中し始めた。それもたまに、ではない。毎日、練習のたびに十枚近くコッパミジンに砕《くだ》いてしまうのだ。

さあ、大変。

野球部長の井原善一郎さんが、飛んできた。加藤監督もむずかしい顔でやってきた。

「あのな、長嶋、もうちょっとライト寄りかレフト寄りに打ってくれんか」

「はあ‼」

「あれじゃたまらんのだよ」

と、井原部長は、グラウンドに砕け落ちている屋根ガワラの残骸《ざんがい》を指さした。

「……なんせ、キミも知ってるように野球部の予算がピーピーでな」

「すみません、ご迷惑かけて……」

ぼくがペコリと頭をさげると、井原部長は手で制して、

「いやいや、別にキミが悪いわけじゃないんだ。気にしなくてもいいんだ。しかしなあ……」

聞くところによると、当時のわが野球部の年間部費はせいぜい一年間で五、六万円というところだったそうだ。値段のはりそうなでっかい屋根ガワラを一日十枚も弁償していては、県外試合に遠征もできなくなる。

かといって、ぼくにはどうしようもない。

「長嶋なあ……講堂に当たらんように、角度を変えて打つことはできんか!!」

井原部長は、そんな無理な注文をだしてきたが、ぼくがそうしたくても、まだそんな技術はもっていない。

部長の悲鳴をよそに、講堂のカワラはやっぱり毎日のようにこなごなに砕け続けた。

佐倉一高の講堂のカワラを砕いていた頃

二十六年、佐倉中からいっしょにこの野球部に入った仲間は三人いた。ピッチャーの牛島、キャッチャーの高橋（利）、それにぼくである。中学時代、ぼくと四番を競《きそ》っていた高橋は体が大きく、打球も鋭かったが、一年やっただけで野球部をやめていった。

部員は、ぼくが三年生になったころ二十二、三人いただろう。監督は立教大学の野球部にいた五つ歳上の加藤哲夫さんである。

ぼくの身長は、三年生になってキャプテンを命じられたころには、一メートル七七に達していた。ヘタすれば監督よりでっかいかというほどの大型遊撃手である。肩には自信があったが、なにしろ腰高で、よく派手なトンネルをやって監督に叱られた。

二十八年六月――。

ぼくらは、市川高のグラウンドまで練習試合をやりに〝出張〟した。三校リーグ戦で二試合やったのだが、佐倉一高の大型遊撃手はまったくサマにならなかった。第一試合ではトンネルのおまけつきで四つもエラー。ぼくとしては、四月に銚子の市営球場でやってしまったヘマを意識しすぎて、かえってコチコチになっていたのだった。

それがバッティングにも響いて、第一試合はノーヒット。第二試合が始まっても、まだぼくは考えこんでいた。

五回。

またまたトンネルをしてしまったとたん、加藤監督が顔を真っ赤にして審判のところへ小走りに駆けよった。

「タイム！　ショートの長嶋をサードに……。サードの鈴木はショートにもっていきます」

とうとう監督を怒らせてしまったのだ。

ぼくはくちびるを嚙《か》みしめて、すごすごと初めてのサードへ移動した。

そのときの佐倉一高のサードは、鈴木英美という選手で、のちノンプロ東京ガスに入っている。

しかし、運命というのは不思議なものだ。

もうダメか、と思ったドタン場に、突然パッと運がひらけることが多い。ピンチとチャンスはつねに背中合わせになっている。問題は、どうやってそのチャンスをつかむかだ。

このピンチに、ぼくがつかんだチャンスの芽は、サード・キャンバスぎわをあわや抜けるかと思われたヒット性の打球だった。

代わったばかりの六回、市川のバッターがたたきつけた打球は、砂を嚙んでぼくの右側を襲ってきた。

ぼくはとっさに体当たりでこの打球に飛びついた。がっちりと押えるなり、体を一転させて鉄砲玉のような送球をファーストに送った。急造三塁手の思いがけないファイン・プレーである。

この瞬間から〝サード・長嶋〟は、ぼくの代名詞のようになった。

思い出の大宮球場

高校生活最後の夏がきた。

それは、甲子園出場の夢をかけたわが佐倉一高の三年計画が三年目を迎える年でもあった。

戦前は千葉県下でかなりのいい線までいったことがあるし、加藤監督になってからは二十四年に県のベスト・ファイブに進出している。二十八年には、銚子商らに肩を並べるところまでいって、もうひと息というところまできていた。それがこの年、ぼくらが必死になってがんばったおかげで、ついに千葉県のベスト・フォアに入ったのである。

あとは、南関東大会をどう勝ち抜くかだった。これさえパスすれば、夢にまでみた甲子園の土を踏める。

その第一関門は、埼玉の県営大宮球場での熊谷高との試合だった。佐倉の町は、もうお祭り騒ぎだ。千葉県代表になったのも開校以来なら、県外の公式試合も初めてである。

町じゅうの家で、ふとんの敷布《しきふ》やさらし木綿《もめん》に、

——がんばれ！　佐倉一高ナイン！

——甲子園へ！

と、スミのあとも黒々とした急造のノボリがつくられた。町の有志がくりこむために、大急ぎでバスもチャーターされる。ぼくたち選手は、急に町の名士になってしまった。

野球部長の井原さんは、

「長嶋、このバットを使って打ちまくってくれ」

と、ぼくに真新しいバットをプレゼントしてくれた。握りの太い、いわゆるタイ・カップ型のバットだった。

あとで人づてに聞いた話だが、井原さんはぼくの古いバットを見て、自分の家から米をもちだしてつくった金で、わざわざ東京の運動具店からタイ・カップ型の新品をとりよせたのだという。

以前、ぼくが講堂の屋根ガワラを割るたびにあわてて駆けつけてきたのを忘れたように、

「思い切って飛ばしてくれよ、思い切って……」

とハッパをかけるのだった。

井原さんの願いがこもったそのバットは、まるで吸いつくようにぼくの手のひらになじんだ。

選手の父兄たちもたいへんだった。

果物類の差し入れから、合宿の世話と、日を追うにつれ、熱があがってきた。

隣県の大宮までは、電車でいってもそう遠くはない。それでも前の晩から泊まりがけで晴れの一戦を声援しようという父兄が多かった。

チームメートの父兄は全員、当日のスタンドに陣どることになり、その打ち合わせやなにやかやで、ぼくたちの興奮はいっそう高まった。

いよいよ、ぼくたちを乗せたバスが出るという日、みんなキョロキョロと家族の顔をさがした。ただ、ぼくだけはバスの中でうつむいていた。見送りにもきてくれていないのがわかっていたからである。

「どうして長嶋んとこは、こないんだべ」

「なにかあったんか?」

チームメートは、心配してくれた。

どの家の父兄もみんな当日、大宮球場へ押しかける、とわかった夜、ぼくはオヤジのひざを揺さぶって、

「ねえ、父さん……。ウチもだれか応援にきてくれるんだろ？」

と、聞いた。

色白で、でっぷりと太ったオヤジは、めずらしく首をヨコに振った。

「……いってやりたいけど、ちょうどその日、ちょっと仕事があってな。うん、いつもの会合があるんだよ。茂雄、お父さんが見ていなくても、しっかりがんばるんだぞ」

「………」

「あとで、お父さんにゆっくり話を聞かせてくれ、な、茂雄」

「うん」

ぼくは内心ガッカリだった。

仕事だというけど、チームメートの父兄も仕事の折り合いをつけて、みんなちゃんと応援にくるじゃないか。こないのは、キャプテンの長嶋のところだけなんだぞ……。

大宮球場へむかうバスに揺られながら、ぼくはまだちょっぴりとオヤジをうらんでいた。

ぼくの一世一代の晴れ姿を見せてやりたかったのに、これじゃ力がはいらないなあ……

と思いかけて、ふっと思い直した。

こんなことではダメだ。オヤジが見ていないからこそ、きょうの試合にがんばって、家に帰ってオヤジを喜ばせなくちゃ……。

そうしようと、ぼくはバットをかたく握りしめた。

ぼくらは、大宮市の「新月」という旅館に泊まった。宿屋というものに泊まったのは、これが初めてだった。少しでもコンディションがいいように、と井原さんたちが奔走《ほんそう》してくれたのである。

しかし、いよいよ試合の当日となって、思いもかけなかったアクシデントに見舞われた。トップを打っていたショートの鈴木と、二番の寺島二塁手がともに足首をくじいてダウン。三番・中島も、試合前にフリー・バッティングの打球を左目にうけて倒れてしまったのだ。中島はラインの外側を歩いていたのに、ファウルがもろに目に当たった。不運としかいいようのない事故だった。

監督は、急遽《きゅうきょ》ピッチャーの奈良を三番に入れてオーダーを組み直した。奈良はついこのあいだまで九番を打っていた。この戦力ではどうさか立ちしても、強豪・熊谷高には勝てっこない。

「勝ち負けは考えるな。とにかく、いいか、悔いのないプレーをしろ……それだけだ」

ベンチの前で円陣を組んだとき、加藤監督の話は短かった。

熊谷高はエース・福島をマウンドに立ててきた。のちプロ野球の東映（現日本ハム）にはいった本格派のピッチャーである。

一回、二回、三回……。試合は前半で勝負がついていた。レギュラーのうち三人を欠くわが佐倉一高は、押されっぱなしだった。甲子園は、一秒ごとにぼくたちから遠のいていった。

六回。

ぼくに、打席がまわってきた。

福島はキャッチャーのサインにうなずき、大きく腕をふりかぶった。スタンドのどよめきが潮がひくように静かになり、緊迫した空気が流れた。

大モノ打ち、の評判をどこで聞いたのか、熊谷高がぼくをマークしているのはたしかだった。

カウント1―0。

真ん中高目にきた伸びのあるストレートだった。その二球目を、ぼくは打った。

「わーっ！」

というどよめきが、三塁側のスタンドからもわきおこった。

ホームラン。それも超特大のホームランだった。打球は、白い小さな点となってぐんぐん伸び、センター後方の緑色に塗られたバックスクリーンににぶい音をたてて命中した。

のちに大毎オリオンズ（現ロッテ）に入団した埼玉・上尾高の山崎（裕之＝元西武）遊撃手が、ぼくとほとんど同じ場所に打ちこんだそうだが、それまではもちろん、だれひとりとして、これだけ遠くへ飛ばした高校生はいなかった。

よしっ、これでオヤジにも胸をはって話しができる……。ベースをまわりながら、ぼくはふっと色白の父の顔を思い浮かべた。できることなら、この超特大の一撃を、見てもらいたかった……。

試合は、一対四で負けた。だが、この日の澄みきった空をよぎって飛んでいったたった一個のボールが、ぼくの生涯をきめた。

オヤジと息子

臼井の家に帰ると、オヤジが笑顔でむかえてくれた。

いきなり、

「シゲのきょうのホームラン、えらく大きかったな」

というから、ぼくはびっくりした。

「……大きかった、というけど、父さん、見にいった人に聞いたの？」

「…………」

オヤジは、ニコニコしながら首をヨコに振った。

「じゃ、父さんは？」

「そうだよ、茂雄ががんばるところを見たくて、父さんはこっそり大宮の球場へいってたんだよ」

「えっ。で、父さんはどこにいたの？」

ひょっとしたらきてくれているんじゃないか、というかすかな望みを抱いて、ぼくは何度も何度も一塁側ベンチの上の応援団席へさがしにいった。選手の父兄がひとかたまりになっている場所は、もちろん真っ先に見にいった。みんな知っている顔ばかりだったが、色白のオヤジの顔はどこにも見つからなかった。

「ねえ、父さんはどこにいたの？　ぼくはずいぶんさがしたんだぜ」

オヤジは、なんだか照れくさそうに耳のあたりをゴシゴシかいて、

「……父さんか？　外野のずっと隅っこのほうで見てたんだよ。茂雄が元気いっぱいやってるのを、そこから見てて、ときどき〝長嶋アーッ！〟って声をだしてたんだ」

「…………」

「……だけど、きょうのホームランは、ほんとに大きかったなあ。よかったな、茂雄……」

ぼくは急に鼻の奥がツーンとしてきた。なんというオヤジなんだろう。ほかの父兄たちといっしょに応援にいっても、ちっともおかしくはないのに、わざわざ目立たない場所にもぐりこんで、声をはりあげていたオヤジ……。そして、息子のぼくを大事な試合の前にできるだけ緊張させないよう、ごくさりげなく「仕事があるから……」と姿を見せないふりをしたオヤジ……。

たとえ息子に対してでも、そういう一種のケジメをつけ、こまやかに気をくばるオヤジだった。オヤジにとって、野球の試合を見るのはあとにも先にも、このときただ一回だけ。ぼくが超特大のホームランを飛ばしたあの大会が、オヤジの最初で最後の観戦となるとは、ぼくはもちろん考えもしなかった。

あの一本のホームランが、バックスクリーンに当たってころころと転がったあたりに、若林俊治という人がすわっていた。

読売興業の社員で、つまりプロ野球の名門・巨人軍のスカウトであった。たまたま大宮球場で南関東大会があると聞いて、のんびりと外野の芝生に腰をおろしていた。なにかの参考に、という程度の軽い気持ちでゲームを見ていたのだろう。

そこへ、ぼくの打った超特大のホームランが飛んでいった。

若林さんは、球団事務所に帰ると、

「いやあ、参ったよ。無名の高校生なんだけど、でっかいヤツを打ってね。ちょうど、その打球がぼくの足もとめがけて飛んできたもんだから驚いたよ」

と、報告したという。

しかし、その当時の巨人のサードには宇野（光雄）、手塚（明治）、柏枝《かしわえだ》（文治）といったそうそうたるベテランがひしめきあっていた。若林さんの報告は、将来の有望な選手のリストに、メモされただけで終わった。

若林さんは、その後もあきらめきれず、九月中旬になって、今度は当時コーチだった谷口さんを連れ、わざわざ佐倉まできた。

二人が校庭に現われたとき、たまたまぼくがフリー・バッティングをやっていた。

キーン。

金属音を残して、三百フィート離れた講堂の屋根を越していくぼくの打球に、谷口さんは驚いたらしい。

「これは、早いとこ手を打っとくべきだ」

ということで、すぐ松本校長に会った。これはあとから聞いた話で、当時のぼくは、もちろんそんなことは知らない。

オヤジのところへも、いろんな誘いの手が伸びていた。立大、法大といった東京六大学のほか、ノンプロの川崎重工、富士重工……と、あの超特大のホームラン以来、ぼくの身辺はにわかにあわただしくなった。

ぼくは、天下の巨人軍からスカウトがきたと聞いて、有頂天になった。まだドラフト制度なんかない時代だから、ひとこと「うん」といえばすんなりプロ入りできる。

ウワサによると、契約金は六十万円ということだった。その大金はまだピンとこないが、とにかく相手は少年の日の胸を焦《こ》がしたあこがれのジャイアンツだ。

しかし、たいていのことは黙ってぼくの意思を通してくれるオヤジが、めずらしく反対した。

「これからの男は、大学を出ていなくてはダメだ。野球をやるのはいい。けど、茂雄、プロに入るのは大学にいってからでもいいぞ。むしろ、そのほうがいい。ここはお前も、黙って父さんのいうことを聞いておきなさい」

当時、ノンプロ富士鉄室蘭《ふじてつむろらん》の監督で、以前立大野球部のマネジャーをしていた小野という人がいる。

この小野さんも、臼井のぼくの家を訪ねてきた。富士鉄の使者としてである。すでに巨人から誘いの手が伸びているのを知っていた小野さんは、半分あきらめていたらしい。

「将来のことを考えて、息子さんを堅い会社に就職させるつもりはありませんか？」

と、持ちかけられて、オヤジはきっぱりと断った。

「……その代わり、というとなんですが……」

と、オヤジは小野さんに逆に頼みこんだ。

「どこかの大学へやるつもりにしていますが、ひとつ立教の砂押《すなおし》さんにあなたからお願いしてもらえませんか？」

「えっ、立教ですか」

「はい。いろいろ聞いてみますと、あなたの母校の砂押さんという方は、ずいぶん厳格な練習をなさるらしい。ウチの茂雄には、できるだけそういうきびしい学校にいってもらいたいんです。ビシビシ鍛えてもらいたい。ひとつ、小野さんからもお口添えくださいよ」

なるべく楽な学校を選ぼうとする親が多いなかで、このオヤジの申し出は、さすがの小野さんもびっくりしたらしい。日ごろから子供には優しく、荒いことば一つ浴びせることのなかったオヤジ。そのオヤジはやっぱりだれよりも息子のことをよく知っていたのだった。

十一月の初旬。すっかり庭の柿の実も色づいた秋に、一通の手紙がとどいた。あて先は長嶋茂雄。封筒を裏返すと、立教大学という活字がおどっている。
なかには、ガリ版ずりの呼びだし状がはいっていた。

十一月下旬の冬季休暇第一日より、伊東にキャンプをはる。
君の参加を待つ。

立教大学　野球部

第5章　暗夜の殺人ノック

無名の新人

キャンプ――。

夢多き高校生にとって、それはなんと魅惑的なひびきを持っていたことか。

実は、音に聞こえる砂押《すなおし》監督の猛シゴキがちょっぴり心配になり、仲よしの奈良と話し合った。

「おい、砂押さんにオレたちついていけるかな？」

「どうかなあ。長嶋、いっしょに法政にはいんないか」

「法政か。うーん、迷っちゃうなあ」

そんな話をした矢先舞いこんできたセレクションへの〝招待状〟だった。砂押さんのことはケロッと忘れてしまって、ぼくは〝キャンプ〟という四文字をみたとたん、矢も盾《たて》もたまらずいってみたくなった。

「茂雄、迷わずにいくんだ。いく以上は、人さまに負けるんじゃないぞ」

と、オヤジは強い口調でいった。

支度《したく》は簡単だった。古ぼけたオヤジのスーツケースを借り、それにユニホームやスパイク靴を詰めこめばそれでおしまい。

ユニホームは、ＳＡＫＵＲＡ
と、胸マークがはいったごく平凡な白の木綿地のヤツである。

スーツケースに入れようとして、ぼくは手をとめた。手のひらが暖かい。それに清潔なノリのにおい……。オフクロがぼくのためにそっと用意しておいてくれたのだ。

暗いうちに、朝の電車に乗った。

東京駅から伊東線の三等車に乗り換え、じっと目をつぶって考えた。

キャンプ、というけれど、いったい何十人くらいの高校生が集まってくるのだろう。なかには甲子園に出場した選手もずいぶんいるだろうなあ。ポッと出のぼくが、そのなかに混じってやっていけるのかなあ……。

伊東の駅は海のにおいがした。ぼくは古ぼけたオヤジのスーツケースを片手にさげ、思わず立ちどまって深呼吸した。

「やるぞ！」

当たって砕けろ、だった。スポーツの世界に名前は通用しない。力と力とが真っこうからぶつかりあう世界である。駆けひきは一切無用。フェアに戦い抜き、力のあるものが勝つ。

合宿所となる伊東スタジアム・ホテルは、ぼくがいった二十八年は、まだできたてのホヤホヤだった。山をひとつ切り崩して堂々たるグラウンドをつくり、三塁のすぐ上の丘には、二階建てのホテルがそびえている。

「集合！」

という声で、ぼくたちはそのホテルの大広間に集まった。

いるわいるわ、総勢百五十人は集まっているだろう。

「四列横隊で整列しろ！　いまから、一人一人に腕章をくばる」

マネジャーがどなった。ぼくに手渡された腕章には〝53〟という番号がついていた。

「こら、53番。もたもたしていないで、さっさと並ばんか」

「はいっ」

大宮球場では、たしかに超特大のホームランを打った。それで一部ではいくらか注目されただろうが、世のなかは広い。佐倉一高の長嶋、といったところで、この百五十人の高校生のなかで、そんな名前など聞いたこともないのが大半だろう。

広間で、それぞれの自己紹介が始まったが、やはりぼくの番がまわってきたときには反響はゼロだった。

ひとりだけ、広間に静かなざわめきをおこした高校生がいた。目もとが涼しく、笑うと真っ白な歯がこぼれるのが印象的だった。

その高校生は、すっと立って、柔らかな関西弁で自己紹介した。

「ぼく、芦屋高校の本屋敷錦吾《もとやしききんご》です……」

これが有名な本屋敷か、とぼくはまじまじと彼の顔を見つめた。三年間の高校生活で、甲子園に出たのが二回、しかも優勝経験さえ持っている。田舎の、無名に近い高校からやってきたぼくには、ほとんどまぶしいほどの球歴だった。

翌朝――。

ホテルのすぐ下のグラウンドで、練習が始まった。ネット裏には、ノートやメモ用紙を構えた先輩の野球部員たちが目を光らしている。ぼくたちのバッティングやフィールディングを、それぞれ〝帳面〟につけて、あとでその結果を持ちより、当落のフルイにかけるのだ。

ぼくは、このとき初めてすぐ近くで〝鬼の砂押〟を見た。
度の強そうなメガネの奥で、するどい目がギョロリと光っている。そぎ落としたような
ホオと、手ばなすことのない細身《ほそみ》のノックバット……。
いよいよ守備練習が始まった。
左隣りに並んで、かるがると打球をさばく本屋敷の身のこなしに、ぼくは舌を巻いた。
こっちはグローブの使い方からスローイングまでほとんど我流。しかし、名門・芦屋高で
きたえられたせいか、本屋敷のしなやかな動きは、ついぼくまで見とれてしまうほどだっ
た。
バッティング練習が始まるのを待ちかねてケージにはいった。ここで南関東きっての大
モノ打ちの実力を見せないと、なんだか気がめいってしまいそうだった。
夢中で打った。
気がつくと、ケージの真うしろにしがみつくようにして、あの〝鬼の砂押〟がじっとぼ
くを見つめていた。打つたびに全部ライナー。右中間のフェンスを連続して越すぼくのバ
ッティングが、砂押さんをケージにへばりつかせたのである。
紅白試合でも、ぼくは打った。
始まる前に、関谷マネジャーが両軍の名前を順々に読みあげた。

「えーっと、紅軍は芦屋高の本屋敷、育英高の石川……」

ぼくは、いつ自分の名前が呼ばれるのか息をつめて待った。

「……それから、佐倉一高の長嶋」

チャンスだった。ここで打ちまくれば、例の〝帳面〟に、ぼくの名前は大きく書きこまれるにちがいない。しかし、白軍はいったいなんという名のピッチャーが投げてくるのだろう。ぼくはマネジャーの声に神経を集中した。

「えー、白軍の先発は、瑞陵《ずいりょう》高の杉浦がほうる……。杉浦はいるか……」

返事がなかった。

「どうした、杉浦はいないのか？」

「はい」

こまったようにポツンとこたえた高校生は、いかにも秀才らしい風貌をしていた。

「いるなら、早く返事しろ！」

上級生がどなった。

「……でも、ぼく杉浦ですけど、名前がちがいます」

「なんだって？」

「同じ杉浦でも、ぼくは忠です。杉浦忠といいます」

「忠？」

「はい。学校もちがいます。ぼく、瑞陵じゃなくて、挙母《ころも》高校です」

あとでわかったのだが、瑞陵の杉浦は名前を四郎といい、このキャンプに参加する予定を変更して毎日オリオンズ（現ロッテ）に入団していた。

「そうか。杉浦ちがいか……」

上級生は、メガネの杉浦を見て、

「……いいや。仕方がない。お前、投げてみろ」

しかし、無名の杉浦忠は、このときすばらしいピッチングをした。当時はオーバーハンドの本格派で、おそろしくスピードがあった。

紅軍には甲子園組が大勢メンバーにはいっていたが、その強力打線を相手にして一歩もゆずらず、八回まで無失点という力投を続けた。

八回。

杉浦のシャットアウト勝ちの夢を破る強烈な三塁打を放ったのが、このぼくだった。この日、ぼくは杉浦の快速球にくいついて三安打。

無名の高校からやってきた二人にとって、この日は忘れられない日となった。

夜間練習

翌二十九年春。

ぼくは立大にはいった。

経済学部経営学科のルーキーとして、いそいそと入学式のセレモニーに出席した。

しばらくは大学生の気分を味わわせてもらえるのかな、とのんびり構えていた。それがとんでもない誤りだというのを、セレモニーが終わったとたん、思い知らされた。

新人の親方である宗野《そうの》さんが、

「集合！」

という号令をかけにきたのである。

ウンもスンもない。学生服をユニホームに着替えて、みんな口々に、

「キビしいなあ」

「初日から練習か……」

ブツブツいいながら集まった。

合宿から東長崎のグラウンドまでは駆け足だ。

「二十分でいけ！」

宗野さんは、ぼくたちにビシリといった。

夕暮れまでの練習で、へとへとになって合宿へたどりつくと、メシを詰めこむひまもなく、また宗野さんの声だ。

「長嶋、いるか？」

「はいっ」

「よしっ、オレといっしょにこい」

「………」

「これから夜間練習をやる。こいっ！」

なんということか、と大急ぎでメシをかきこんでまたランニングだ。

もうグラウンドは暗い。

「そこへ立て」

宗野さんは、ぼくをサードの守備位置につかせて、

「……お前は基本がどうもできとらん。今からオレが教えてやる。いいな？」

「はいっ！」

「よし。よく聞くんだ。野球はまず声をだすことが基本になる。お互いに声をだしあうこ

とから始まるんだ。いいか、ハラの底から声をだしてみろ」

「はいっ！」

ぼくは、下腹に力を入れて思いきりどなった。

「いこうぜ！」

「元気だそうぜ！」

宗野さんは、ノックバットを手に黙ってぼくの顔を見ている。この調子では、まだまだどなり続けないとダメらしい。

「さあ、いこう！」

「元気だそうぜ！」

延々一時間近く、そうやってどなり続けた。しまいには声が嗄《か》れて、ノドが痛くなってきた。

「よし。それまで」

やっとのことでストップをかけてくれたが、これで無事釈放かと思ったら大まちがい。日がとっぷり暮れて、ろくにボールも見えない暗闇《くらやみ》のなかで、マンツーマンのノックだ。

その夜は、精も根《こん》もつきはてて合宿に帰ってきた。

二日目も、同じような練習が続いた。

ぼくだけではなく、例の伊東キャンプで会った本屋敷や杉浦たちもそうだった。

三日目——。

ついに起《た》てない選手がでた。よろめきながら柱にすがって立ちあがり、それから練習にいくのだった。

新人には合宿の掃除はもちろん、便所の掃除から風呂当番まで、練習後もほっとする時間はなかった。二十畳敷きの娯楽室が合宿にはあったが、新人はここが鬼門だった。片すみにイロリが切ってあって鉄ビンがかかっているこの部屋は、先輩たちからビンタつきの説教をくう場所だったからだ。

長い長い一週間がたったときだった。外は雨がふっていた。

その日、風呂当番に当たっていたぼくは、チームメートの垢《あか》がヘドロのようになって浮いている残り湯に、わびしくつかっていた。

そこへ突然、呼びだしがかかった。

新人監督の宗野さんからではなく、今度はあの〝鬼の砂押〟からの呼びだしである。

新人は全員集合だった。

駆け足でグラウンドへいくと、もう腕まくりした砂押さんが待ちかまえていた。

「これから、タマなしノックをやる」

緊張でコチコチになっているぼくたちをねめまわして、砂押さんはしわがれ声でいった。

タマなしノック——。

一種のシャドー・プレーである。砂押さんがノックバットを構える。振る。すると、実際にはボールが飛んでこないのに、さっと左右どちらかへ体を移動させ、一塁へ送球するふりをするのだ。

ボールがこないのだから、エラーするはずはない。しかし、ちょっとでも気を抜くと、砂押さんのしわがれ声が容赦《ようしゃ》なくとんでくるのだった。

雨のなか、このタマなしノックが一時間たっぷりと続いた。

やっと終わったようなので、みんな帽子をとって、

「ありがとうございました」

と、砂押さんにむかっておじぎした。〝鬼の砂押〟というけれど、なんだこの程度だったのか、というホッとしたような、残念なような空気が流れた。

ところが、砂押さんは、雨に濡れそぼった顔をニヤッと笑わせ、

「馬鹿！　あわてるな。練習はこれからだ」

といった。

今度は、キャッチボールである。

それもふつうのとはちがう。すでに日はとっぷりと暮れていて、お互いの顔が見えないほどになっていた。

宗野さんが重そうな段ボールの箱をドサッと置いた。なかには白い石灰がはいっている。

「みんな、ボールにこれを塗れ」

「はいっ」

われがちに石灰をつかみ、ボールになすりつけた。

「始めろ！」

砂押さんの号令一下、いっせいにキャッチボールを始めた。

ところが雨に濡れているとはいえすべすべした硬式ボールになすりつけただけの石灰は、五、六回投げるとたちまちはげてしまう。そうなると、ボールがどこへくるか、見当がつかなくなる。

みんな暗がりのなかで目をこらし、中腰でそっと投げ合いだした。そうでもしなければ、ガツンと顔に当たりそうだからである。

とたんに、闇のなかを砂押さんのしわがれ声が爆発した。

「こらっ！　真剣にやらんか！」

手にしたノックバットで、そうどなりつけながらピシッと尻を引っぱたく。

ぼくたちは震えあがった。

鬼の砂押

翌日――。

今度は、このぼくにだけ名指しで砂押さんから呼びだしがかかった。

駆け足で急ぎながら、ぼくは夜のとばりがおり始めた空を見あげた。

今夜も月はない。

「きたか」

砂押さんは、ノックバットをしごいて、ニヤリと歯をむきだした。また、例のタマなしノックか、と思って構えていると、

「きょうは〝実弾〟でいくぞ」

という。

「……しかし、この暗さだ。長嶋、とくにきょうは石灰を塗ってもいいぞ」

「はいっ！」

いそいそとボールに石灰を塗りつけ、ホームプレートのところに並べた。

「よし。打つから守れ！」

「はいっ！」

サードの守備位置へとんでいったが、暗くて砂押さんのユニホームが白いぼんやりした形にしか見えない。立大の練習用ユニホームはそのころ白一色。胸のマークもなければ、イニシャルもなかった。

その暗い闇の底から、

「いくぞ！」

声とともに強いゴロがとんでくるのだ。

石灰を塗っているから、最初の一、二本はまだいい。そのうち、バットに当たるたびにパッと夜目にも白く石灰の粉が飛び散り、グラウンドの砂を嚙んで急に見えなくなってしまう。

二十本、三十本……。

ボールはもうほとんど見えない。

反射的にグローブが顔を覆《おお》いそうになるのをぐっとこらえて、ぼくは必死になって叫んだ。

「よし、こい、ノッカー！」

暗闇のむこうで、砂押さんがうなずいたのかどうかわからない。頼りはノックバットが激しくボールを引っぱたくときの音と、ゴロがこっちにむかってくる一瞬の気配だけだった。

情《なさ》け容赦のない強い打球が、ぼくの体ギリギリをかすめて何本かうしろへ抜けていった。

「馬鹿！　ヘタクソ！　グローブに頼るな」

「はいっ！」

「いいか、長嶋、ボールをグローブで捕ると思うな。心でとれ、心で……」

もう百本はとっただろうか。しかし、いっこうに砂押さんはやめる気配をみせない。

さらに二十本、三十本……と激しいノックがぼくに浴びせられた。

もう、声もでない。

すると、砂押さんが例のしわがれ声でどなりつけた。

「まだお前はグローブに頼っている。そんなもの捨ててしまえ！　素手《すで》だ。素手でとれ！」

軟式のボールなら素手でもとれる。しかし、あのかたい硬球を……と一瞬ひるんだときに、

「まだ、グローブを持ってるのか！」

と、砂押さんがどなった。

「よし！」

ぼくはグローブをかなぐり捨て、素手でノックの打球にむかっていった。

その翌日。

昼間の練習をこなしてようやく合宿に戻り、メシを食い終わるか終わらないうちに、宗野さんがきた。

「監督が呼んでるぞ。すぐいけ」

「どこですか？」

「監督のお宅だ。三十分後にこい、という電話だ」

「はいっ」

ぼくはチラッと合宿の柱時計を見た。三十分……。池袋にある砂押さんの自宅は、この合宿から三キロ以上離れている。急ぎ足で歩いていってもたっぷり五十分はかかる。自転車でいっても十二、三分である。それを三十分でこい、という。

お茶も飲まずに飛びだした。バットを片手ににぎりしめ、それこそ高田馬場へ助太刀にいく堀部安兵衛の心境で、砂押さんの家まですっとばした。

砂押さんの家は、すぐそばの二百坪（六百六十平方メートル）ほどの空《あ》き地に面していた。その空き地が、ぼくの特訓の場だった。

いってみると、その空き地の前で砂押さんが腕時計をにらみつけて待ち構えている。いつ石灰を引いたのか、地面にはホームプレートとボックスが白々と浮かびあがっていた。

「よし長嶋。お前のスイングを見たくて呼んだ。すぐやってみろ」

「ここで、ですか？」

「そうだ」

合宿からぶらさげてきたバットを構えようとすると、砂押さんは押しとどめて、

「これを使え」

と、手にしていた白塗りのバットを差しだした。ふつうのヤツの倍近くも重いマスコット・バットである。ペンキで立教のチームカラーを塗ってあるのだが、砂押さんの手にしているのは練習用のマスコット・バットらしかった。

ズシリと手にこたえる重さだった。

しかし、そのバットを振りながら、ぼくは奇妙な感情にとらわれだした。

……ぼくは砂押さんに見こまれている。

神宮球場を夢みて

シゴキ、と一口にいうが、選手に対して愛情のないシゴキは、単なるイビリでしかない。砂押さんのハード・トレーニングはたしかに苛酷だったが、しかし、決して選手に対する意味のないイビリではなかった。

砂押さんには、強烈な信念があり、選手に対する激しい愛があった。

砂押さんは、ノックの名人だった。

練習が終わると、ポジションごとにノックの雨を浴びせるのだが、体のこなしのいい本屋敷やショートの高橋はだいたい十本がノルマ、ぼくだけ五十本、百本ということが多かった。

スローイングはまあまあとしても、下半身がまだできていなかったせいか、相変わらず腰高の守備だった。砂押さんは、そんなぼくを鍛えあげるために、特別にぼくをしぼった。

十本のノルマ、といっても、ただ捕球するだけではダメだった。流れるようにスムーズに処理したうえ、一塁送球も正確無比でなければ〝一本〟にとってもらえなかった。

砂押さんのノックは、ほとんど芸術的といってよかった。

もう一歩、あるいは半歩のところまで追いつけても、打球はグローブの一、二センチ横をまるであざ笑うように抜けていく。しかも、打球が近づくにしたがって、そのボールが生きてくるから始末におえなかった。

練習中、だれかがミスをする。すると全員が連帯責任をとらされるのが、砂押方式の特徴でもあった。

一人でもミスすると、みんなに迷惑をかけるから、少しも気を抜けない。練習は真剣にならざるをえなかった。

「こら、長嶋。そんな調子でやってると本屋敷を抜けんぞ。負けるな!」

砂押さんはそういっては、

「例のヤツをやるか」

と、愛用の自転車にまたがった。

〝例のヤツ〟とはランニングである。下半身を強靱《きょうじん》にさせる、といって、ヒマさえあればぼくを走らせた。

ぼくが歯をくいしばって走る。

砂押さんは自転車をこいで、あとを追っかけてくる。

ぼくがちょっとでもアゴをだしそうになると、自転車のスピードをあげ、

「こらっ！　それくらいでもうへばったのか」

と、手にした竹の棒でぼくを突っつくのだった。

地袋の砂押道場での素振りも、相変わらず続いていた。

例の空き地につくられたにわかづくりのボックスは、すっかりぼくの専用のようになった。砂押さんは、石灰でホームプレートに対して直角に新しく三本の線をつけくわえた。

「うしろの二本は、お前が構えたときのスタンスだ。前の一本はなんだかわかるな？」

「はい。ステップしたときの左足の位置ですね」

「そうだ。振ってみろ」

〝鬼の砂押〟といわれるけれど、ぼくはこの人のひたむきさ、熱っぽさにしだいにひかれていった。なんの打算《ださん》もない。一つのことに子供のように夢中で打ちこんでいる人だった。

空き地の素振りでも、砂押さんが頭のなかで描いているイメージに一致しなければ、

「よし！」

というお許しはでなかった。ときには一時間も振り続けたことがある。

終わると、奥さんがお茶をいれてくれた。まんじゅうやお菓子も出してくれる。へとへとになったあとのまんじゅうのうまいこと。今でもまんじゅうを見るとありありと、あのときのすさまじい素振りを思いだす。

しかし、あまりにも練習に夢中になりすぎて、とうとうぼくの腰が曲がらなくなった。汚ない話だが、トイレにいってもしゃがめないため、コントロール（？）に注意しながら半分立ったまま〝放出〟したものだった。

杉浦や本屋敷たちも、そうだった。

みんなげっそりとやせ、目ばかりギョロギョロさせていた。それでも、みんな夢があった。

もうしばらくすると、春のリーグ戦が始まり、つづいて新人リーグ戦がある。神宮の檜《ひのき》舞台《ぶたい》を踏む日を胸にえがいて、ぼくたちは歯をくいしばってがんばった。

四月二十四日。

早大との一回戦に、ぼくは初めてピンチヒッターに出してもらった。それから二週間後の法大戦で、待ちに待った場内アナウンスを聞く。

――五番・ショート・長嶋――

初めて先発メンバーにはいったこの試合は、しかし、さんざんだった。

ランナーの小坂（佳隆）にヤジられ、カッとなってとんでもないエラーをしでかし、あとで砂押さんに大目玉をくった。小坂はのちに広島カープに入団したが、当時はぼくと同じ一年生だった。

六月六日からは、いよいよ新人リーグ戦が始まる。合宿では毎晩その話でもちきりで、練習にも一段と熱がはいり始めた。

「春のリーグ戦でチョンボやっちゃったからなあ。ここでオレも一つがんばらにゃ……」

「うん。でも、シゲからチョンボを抜いたらなんにもなくなるぜ」

「こいつ……」

仲よしの杉浦と、そんなやりとりをしていたときだった。

宗野さんが飛んできた。血相を変えている。

「なんですか?」

「長嶋、練習をやめてすぐ支度《したく》しろ」

宗野さんの手に一枚の電報がにぎられていた。

引ったくるようにして読んだぼくは、目の前が真っ暗になった。

――チチキトク　スグカエレ　ハハ――

オヤジとの約束

これまでに、あれほど大急ぎでユニホームをぬいだことはなかった。京成上野駅から数えて三十二駅。臼井へいく電車があのときほど、遅く感じられたこともなかった。

オヤジが死にかけている！

あんなに末っ子のぼくを可愛がってくれたオヤジが、危篤状態だとは……。

前々から血圧が高く、寝たり起きたりの生活を続けているのは、オフクロや兄からの便りで知っていた。が、きっとオヤジが止めたのだろう。くわしい病状はぼくに知らされず、ただ具合が悪くて、ときどき役場を休んでいる……という程度の内容だった。

オヤジは病床で、ラジオばかり聴いていたという。春の六大学野球リーグ戦の実況中継である。

「茂雄が出てるぞ」

と、うれしそうに耳を傾け、ふとんから乗りだすようにしてあきずに聴きいっていた。

ときどき、知人が東京へ出ていって、神宮などをのぞいてきたりすると大変だった。

「まあまあ、いいじゃないですか」

と、家のなかに呼びこんで、

「……それで、ウチの坊主はどうでした？」

と、根掘り葉掘り聞いては、

「梅雨《つゆ》が明けて体がよくなったら、ぜひとも神宮へいきますよ。そればっかり楽しみにしとるんです」

そういうのが、オヤジの口癖のようになっていたという。

あとにも先にもたった一度。あの大宮球場の南関東大会へだけ、そっと顔をだしたオヤジ……。

バックスクリーンにたたきつけた息子のホームランを見て、あんなにも喜んでくれたオヤジ……。

息せききって臼井の家へとびこんだとき、オヤジはまだ息があった。

「茂雄はまだか、まだこんか?」

とばかり口走っていたオヤジは、ぼくの顔を見るまで最後の気力をふりしぼっていたのだろう。

「父さん……」

ぼくが泣きじゃくりながら抱きつくのを、オヤジは遠い目でみた。

「……しっかりしてよ」

夢中でぼくは、オヤジの衰弱しきった手をさすり、

「ぼくだよ。茂雄だよ」

と、呼びかけた。

オヤジの目に、一瞬、光がよみがえった。

「シゲか……」

「うん」

「お前に、いうとくことがある……」

ぼくは必死になって、オヤジの二の腕をさすり続けた。

「しっかりしてよ。父さん……」

「ああ。シゲよ。野球をやるなら……」

オヤジは、苦しそうに息をついで、

「……野球やるなら、六大学一番の選手にならんといかんぞ」

「うん」

「……それから、プロ野球にはいっても、シゲ、一番にならんといかんぞ。いいか。だれにも負けけん、日本一のプロの選手になるんだぞ……」

「…………」

「シゲ……わかったな？」

「うん」

ぼくがこっくりとうなずくと、オヤジはさも安心したように目をつぶった。

「父さん！」

返事はなかった。

「父さん……」

ぼくがさすり続けていたオヤジの二の腕は、みるみる冷たくなっていった。

まるでそうしていると、またオヤジが暖かくなってくるかのように、ぼくは必死になって手をさすり、足をさすった。

が、オヤジはもう永遠に目をひらかなかった。

「父さん……」

ぼくは、泣いた。

体中のなみだというなみだがすっかりなくなってしまうまで、とめどもなく泣いた。

安らかなオヤジの死顔は、まだぼくに語りかけているような気がした。

「茂雄、だれにも負けん、日本一のプロの選手になるんだぞ！」

六月二日。入梅の日のことである。

夢を求めて

この世のなかで、たったひとりの父親の死はショックだった。

ただの一度も、末っ子のぼくを叱ったことのない優しい父は、どんよりとした梅雨空のもと臼井の長源寺に葬《ほうむ》られた。

もうすこし、せめてあと五年でもいい、生きていてほしかった。ぼくはきっと父に、プロ野球選手としての晴れ姿を見せることができただろう。

線香のけむりが、梅雨空に消えていく。

父の墓の前にぬかずいて、ぼくは歯をくいしばってなみだをこらえた。

――もう泣かないぞ。オヤジ、見ていてくれ。きっと日本一のプロ選手になってみせる。

ぼくが立大を中退して、プロへ入るかもしれないといううわさをすばやくキャッチしたのだろう、大阪からはるばる阪急の丸尾スカウトが、佐倉までやってきた。

父がいなくなると、それほど豊かではない家計が苦しくなるのは目にみえていた。オフクロに、これ以上、負担をかけるのはぼくにはできそうもなかった。

「母さん、オレ、プロにいっちゃおうかな?」

葬儀がすんだころ、ぼくはさりげなくオフクロにいった。

今でこそプロ入りを拒否する大学の選手がいるが、当時はプロ野球のスカウトから誘われた、というだけでも大変なことだった。プロにはいれば、これ以上オフクロに苦労をかけずにすむ。

だが、オフクロは怒った。

「お前は、父さんが手をにぎってなんといったか、忘れたのかい？　茂雄、家のことは心配せんでもいい。お前は、ほんとになんてことをいいだすのかねえ」

兄も、二人の姉たちも口をそろえて、

「学資はなんとかするから……」

といってくれた。

実は、新人監督の宗野さんも、ひそかにぼくが中退してしまうんじゃないか、と心配してくれたひとりだった。

わざわざ佐倉まで訪ねてきた宗野さんにも、オフクロはきっぱりといったそうだ。

「ご心配をおかけしましたが、だいじょうぶです。茂雄は大学だけはきちんと卒業させます。女の細腕《ほそうで》では十分なこともしてやれないかもしれません。でも、どんなことがあっても卒業だけはさせます」

立大の合宿に戻ったぼくは、今まで以上に激しく練習をやった。

夜間トレーニングが終わって、みんながほっとしているときでも、ぼくだけはそっと物かげへいって、重いトレーニング・バットを振った。手首をうんと強くしようと思ったからだった。

そのころのぼくは、インコースの球をまだ十分に打ちこなせなかった。砂押さんにも、この弱点を徹底的にきたえられた。

夜、いつもの空き地へ駆け足でいく。

すると、砂押さんは無造作に、

「よし、というまで素振りだ」

重いトレーニング・バットは、ふつう十二、三分も振れば、あとはもうスイングといえなくなる。それを、砂押さんは平均一時間はやらせるのだった。

最後のころには、腰でかろうじてバットを動かしているようなもので、腕だけでは支えきれなくなる。両腕がナマリのように重くなり、ついにはバットの先がぐにゃりと地面に垂《た》れ、それで掃《は》くようにして振っているだけになる。

それでも、

「よし！」

の合図はかからなかった。

へなへなと、その場にすわりこんでしまいそうなぼくを見て、砂押さんはまた無造作にいうのだった。

「それでよし。ただし、宗野にはお前が九時に到着するといってある」

「はい。今、なん時でしょうか？」

砂押さんはキラリとメガネを光らせて、腕時計をのぞきこみ、

「八時半……」

合宿の智徳寮へは、考えてみると、いつも駆け足で往復していたような気がする。

この練習を、ぼくは九ヵ月間続けた。

寒い冬の日には、バットがすべらないように水で濡らした軍手をはめて振った。指のハラ、手のひらにびっしりマメができ、それが素振りのたびにつぶれて、血が噴きだした。

軍手は血で染まったが、ぼくは素振りをやめなかった。痛みはあったが、つらくはなかった。

苦しみを求めて、こんな練習をやっていたわけではない。夢を……、死んでいくオヤジの枕辺《まくらべ》で誓った夢を求めて、ぼくはバットを振っていた。

突き指の代償

二年生の春のリーグ戦が始まる前だった。

いつものように宗野さんのノックをうけていたとき、打球が不意にイレギュラーした。

あっ、と思って右手を引っこめたが、一瞬おくれた。かたいボールがもろにぼくのクスリ指に当たった。

ななめ右へとバウンドを変えたボールは、爪をはがして、ピュッとキャンバスのほうへころがった。

突き指である。

「やったか?」

ノックバットを杖《つえ》にして、心配そうに宗野さんが近づいてきた。

「平気、平気。だいじょうぶです」

そうはいったが、突き指した手ではボールを投げられない。

「これは、一週間ぐらいかかるぞ」

「だいじょうぶですよ」

「長嶋、こういうのは、ちゃんと治療しとかんと、あとで使いものにならなくなるぞ。しばらく休め」

宗野さんは、さとすようにぼくをベンチに引っぱっていった。

これから、というときのケガだから、いても立ってもいられない。

「長嶋、出ろ」

砂押さんにいわれて、あと先のことも考えずにグラウンドにとびだした。

突き指して二日後のことである。まだ完全に治りきっているわけはない。ボールをにぎると、痛みが電流のように全身を走った。

しかし、これくらいの痛みで、ベンチを暖めているのもシャクだった。

「その指じゃ、ムリだな」

ぼくがグラウンドに出ていくと、宗野さんは、ネット裏からじっとこっちを見ている砂押さんに聞こえないように、低い声でささやいた。

「……投げなくてもいいから、とにかく捕るだけ捕ってみろ。それもタマを殺してとるようにするんだぞ。いいな」

「…………」

どっこい、そういい終わるか終わらないうちに、砂押さんはメガネを光らせてとんできた。

「おい、長嶋。ちゃんとファーストへ投げなきゃダメだぞ。投げられんのなら、やめろ」

もともと、ぼくは肩だけは、自分でもびっくりするほどいい。上からビュッと投げると、一塁手のミットを通して、相手の手の手のひらが赤くはれあがるほどの強いタマを投げた。ただ、コントロールはめちゃくちゃで、ボールがシュートしたり、スライドしたりするものだから、一塁手はいつもヒーヒーいっていた。

しかし、その自慢の鉄砲肩も、こう指先が痛くては、目にものいわせることもできない。仕方がないので、サイドから投げるようにとっさにその場で切り変えた。横からのスローイングだから、自然とリストを利《き》かすようになる。

「その投げ方でいい、それがいいぞ」

砂押さんが、めずらしく賞《ほ》めことばをかけてくれた。

プロ入りしたあと、バッキー（元阪神）に死球をくったのもこのクスリ指だし、四十九年の阪神戦で骨折したのも、やはり同じ指だった。ボールに向かっていくことで、ぼくが払った手痛い代償のようなものである。

しかし、この二年生の秋、ぼくは早大戦で木村（保）投手から神宮で最初のホームランを奪った。

ホームラン記録への長く、苦しい戦いが始まった。

千川越えのホームラン

東長崎のグラウンドの周辺には、畑がひろがっていた。畑のまん中を縫《ぬ》って、千川という小川が流れている。昔は千川堤の桜として有名だったところらしい。

グラウンドからは見えないが、ホームプレートからレフトのうしろの千川までの距離は四百三十フィート（百三十一メートル）はらくにある。

砂押さんにシゴかれて体ができてきていたぼくは、一度この千川を越す打球を飛ばしてやろうと思っていた。実は、歴代のバッターで、この千川を越す大ホームランを打ったひとが一人だけいる。

昭和七年から十年にかけて、母校・立大の中心打者だったあの景浦将さんである。のちにプロ野球の阪神タイガースの花形となった景浦さんは、甲子園のマンモス・スタンドの左中間中段まで飛ばしたそうだ。

その話を聞いたとたん、ぼくは負けん気がむらむらとわいてきた。大先輩の景浦さんはプロにはいってからも超一流のバッターとして名を残した。もしも、その大先輩よりも遠くへ飛ばしたとしたら、ぼくはプロにはいっても通用する力があることになる……。

若さというのは、肉体的な年齢じゃないとぼくは思っている。なにものかにつねに挑戦する姿勢を持ち続ける限り、人はいくつになっても若い。

ましてや、そのころのぼくはまだ大学の三年生になったばかり。肉体的にも十分に若かった。

だいたい、人より一メートルでも遠くへボールを飛ばすのに血マナコになること自体、子供じみている。ホームランはスタンドをはるか超えていこうが、フェンスぎりぎりにちょこんとはいろうが、一本に変わりない。そんなことを〝研究〟するヒマがあったら、確実に野手のあいだを抜く技術をマスターしたほうがいいのだが、そのころのぼくはなにしろ覇気《はき》満々だった。

高校時代まるで手が出なかったインコースの球を、レフト方向へ引っぱれるようにはなっていたが、ホームランとなると話は別。最初のうちは、リキめばリキむほど打球は飛ばなかった。

しかし、ぼくはあきらめない。

砂押さんは、ぼくがまさか景浦大先輩に挑戦しているとは知らない。

「おーい、ピッチャー、もっと速いタマを投げてくれ」

と、注文をつけるぼくを満足そうに見ている。

プロでもバッティングの特訓は、かなり打ちこんでもせいぜい一時間というところだ。ふつう本数にしたら、三百五十本から四百本。巨人ではこれを〝特打〟と呼んでいるが、なんと四十分前後で打ち止めになる。

ところが、ぼくは昼メシをくってから日が暮れるまで、六時間はぶっ通しで打ち続けた。ピッチャーもたいへんだった。ひとりが二百球、三百球と投げていられないので、なんと八人がかりである。

一対八。

なるべくインコースに投げてもらって、それを休みなしに打つのだ。ピッチャーがへばってくる。すぐ二番手が交代して、ビュンビュン速いタマを投げてくる。

ふと気がつくと、腕組みしてじいっとぼくの練習ぶりを見ていた砂押さんの足もとが、真っ白になっていた。百本はらくにあるタバコの吸いがらである。

そのうち、待望の千川越えが飛びだした。

打球を追っかけた下級生が、

「ボールがどこかへ消えちまいました」

と、報告にきた。

「消えた？」

砂押さんが、けげんな顔で聞き返した。

「はい。千川を越えていって、あっと思ったときには見えなくなってしまいまして……」

「なに、千川を越えた？」

砂押さんは驚いたらしい。念のために、下級生を外野の向こう側まで走らせた。

「おーい、バットを持っていけ」

砂押さんが呼びとめた。

「バットですか？」

「そうだ。ボールの落下点を確かめたら、そのバットを頭の上で振れ」

百三十メートルといえば、後楽園のジャンボ・スタンドでもおそらく場外へ飛びだしていく距離だ。畑に囲まれたこの東長崎グラウンドでは遠すぎて、正確な落下地点はわからない。

「はいっ！」

下級生は、元気よく外野へ駆けだしていった。彼が千川の向こう側についたのを見とどけて、ぼくはまたボックスにはいり直した。

一本目はセンターの定位置。二本目、三本目といいぜん思ったほど打球が伸びない。

四本目。

手ごたえがあった。

左中間の畑のなかに立っていた小さな人影が、くるりとこっちに背を向けた。なにか叫んでいる。

「やったか！」

砂押さんが伸びあがった。

頭の上でくるくるとバットを振りまわしている下級生の姿が見える。

続けてもう一本、ぼくは千川越えを出し、その後もとてつもない超特大の当たりを飛ばした。

今度のヤツは、外野のそばにある合宿の屋根を越え、その勢いではるかに千川をオーバーしてさらに向こう側の道路まで飛んでいったのだ。らくに四百八十五フィート（百四十八メートル）は飛ぶ、われながらびっくりするような当たりだった。

砂押排斥事件

うまくなりたい一心だった。

甲子園も知らないぼくにとっては、練習だけがすべてだった。それ以外に、人より抜きんでる方法を知らなかった。

それだから、どんなに砂押さんのシゴキが強烈でも、ぼくは苦しいとは思わなかった。スパルタ式といわれた練習方法にも、不平や不満を持つはずはなかった。

プロの、それも一流の選手になりたい、と思い続けていた。グチや泣きごとをいうひまがあったら、ぼくはバットを振った。

また、自分でもみるみるうちに力がついてくるのが楽しみだった。スイングの振り幅も、新入生のころとは格段の差があるのが自分でもわかったし、守備範囲がうんと広くなったのも、やっている本人が一番よく知っていた。これで野球がおもしろくならないわけはない。

昼も夜も、ほんとうに二十四時間、野球ばかりやっているようなものだった。砂押さんに鍛えられて、ぼくは野球は夜でもやるものだということを知った。

「走れ!」

砂押さんの命令は、いつも短く、なんの説明もなかった。

「お前は下半身さえ鍛えれば、きっとものになる」というような前置きなど一切なかった。

短く、「走れ!」だけだった。

昭和二十六年の春、川崎高からきたサウスポーの小島という先輩がいた。この人は、雪の積った東長崎グラウンドを、ゴム長で走らされた。大みそかであろうが、元旦であろうが、休みなどない。下半身を鍛えるため、小島さんだけはほかの人の二倍の距離を走らされた。それから三年後、立大はこの小島さんの力投で、二十年ぶりに優勝した。

しかし、先輩たちのなかには、こういう一種独得の砂押さんのやり方に反撥《はんぱつ》する者もいた。有名な砂押排斥運動がおこったのは、ぼくが二年にあがる寸前だった。

ぼくにショックだったのは、仲よしの杉浦が突然、合宿から脱走したことである。この事件は、関谷マネジャーが奔走してうまくおさめたが、三年生になっても、まだ最上級生たちのあいだに砂押排斥のシコリは残っていた。

夏の練習のときだった。

ぼくがグラウンドに出たとたん、その最上級生三、四人が、不意に声をかけてきた。

「おい、長嶋……」

「はいっ?」

「お前な、このごろちょっとデカイ面をしてるんだってな?」

「…………」

ぼくが黙っていると、

「返事しろよ」

と、どんと肩を突いてきた。

いま思うと、そのときのぼくはどうかしていたらしい。これまで上級生たちが、どんなにそそのかしてきても、こと砂押さんに関しては、一切口をつぐんできた。批判する材料はぼくにはなかったし、人の尻馬に乗って、ああだ、こうだという気持ちはもっとなかった。それが上級生たちの気に入らなかったのかどうかはわからない。が、ぼくはぼくなりにこれまでの成りゆきに我慢しかねるところがあった。その気持ちが、肩を突かれた瞬間、一気に爆発した。

「よし！　そんなことをいうなら、腕でこい！　片《かた》をつけてやる」

いうなり、ぼくはバットをわしづかみにして、自分からホームプレートのほうへ歩きだした。

一瞬、ポカンとあっけにとられていた上級生たちは、つぎの瞬間、みんな血相を変えた。それぞれバットを持ち、ぼくのあとを追いかけてきた。

「な、なまいきな……」

「こっちこそ、片をつけてやる！」

一年ちがえば、横綱とフンドシかつぎぐらいの差がある当時の野球部である。下級生が上級生に正面きって歯向かうのは、フンドシかつぎが横綱に明け荷を持たすようなもの。

「腕でこい！」

と、叫んでしまったときは、上級生もヘチマもあるものかという気持ちだった。ふだんかげでブツブツいっている連中を、面と向かってたたき伏せてやる……。

ぼくは本気だった。むろん、除名は覚悟のうえだ。神聖なグラウンドで乱闘沙汰になれば、除名どころか退学処分をくうかもしれなかった。それも覚悟した。とっさに大学をやめるハラをきめた。

ホームプレートまできて、ぼくは立ちどまった。バットを構えた。

そのとき、練習中だった同級生たちが、すごいスピードでいっせいに集まってきた。上級生たちも応援に駆けつけてくる。向こうは十五、六人。こっちは二、三十人になった。それぞれホームプレートをはさんで、にらみあった。

だれかが止めにはいらなければ、一人や二人ケガ人が出ていたかもしれない。あわや、というところでことは無事におさまった。ぼくが本気で怒ったのは、佐倉中学の入学式のときと、このときの二度だけである。一本気なところは死んだ父ゆずりだった。

その夜。

練習を怠《おこた》った、という理由で四年生は廊下で一時間の正座。ぼく個人は一週間の謹慎

処分だったが、

「長嶋のために、お前ら、全員やれ！」

と、合宿仲間までずらりと廊下に正座させられたのには参った。正座してコンコンと説教をくったのが一週間、ぼくは、おっとり刀でホームプレートに駆けつけてくれた仲間たちに、ほんとうにすまないと思った。

スギ、キン坊、ヨサ

「シゲは変わってるね。サードの守備位置に走っていくとき、いつもポーッと耳たぶを赤くしてるぞ」

と、妙なところを指摘したのが〝キン坊〟こと本屋敷だった。色白のぼくは、体の血がさわいだとき、真っ先に耳たぶに信号（？）がともるらしい。のちにプロ入りした第一打席であるカネさんとぶつかったときも、やはり耳たぶを真っ赤に染めていたという。

ぼくたち同期の仲間のなかで、ニックネームをつける名人は〝スギ〟こと杉浦だった。最初ぼくはスギに〝インバ〟というあだ名をつけられた。印旛沼《いんばぬま》の出身だからである。つぎにつけてくれたのは〝サンタ〟。これはそのころラジオでやっていた『三太物語』からいただいたものだが、ぼくには二つともピンとこなかったので、スギのせっかくの力作（？）は、みんなの間に定着するまでにはいたらなかった。

はじめセカンドを守り、二年の秋からショートに転向した高橋は、〝ユウジ〟と呼ばれていた。顔が長いので、映画俳優の伊藤雄之助をもじったものだ。

「でも、すくなくとも、ユウジは役者からもらったからいいよ」

と、ボヤいていたのは、〝ヨサ〟こと拝藤である。鳥取の境高からきた拝藤は、のちにプロの広島にはいったが、彼の〝ヨサ〟は〝切られの与三郎〟に由来《ゆらい》していた。

ぼくたちの友情の結束はかたかった。

四年生になった春のリーグ戦で、ぼくは通算七ホーマーのタイ記録をマークした。戦前、慶大の宮武三郎さんと早大の呉明捷さんがつくった記録と肩をならべたとたん、思いもかけなかった強敵とぶつかった。

マスコミである。

当時の神宮球場は、今とちがってラッキーゾーンがなく、なかなかホームランはでなかった。

それに、いいピッチャーがひしめいていた。ぼくが一年生のころキリキリ舞いさせられた明大の秋山（登）さんや早大のエースでのち南海にはいっていきなり二十一勝して新人王になった木村（保）さん……と多士済々《たしせいせい》だった。秋山さんもプロ入りしてすぐエースとなったほどで、レベルは高かった。

あと一本打てば、東京六大学リーグ上初の記録になるという状況で、平静を保っていられるほうが不思議だ。

それに、ぼくがボックスに立つたびに、ベンチサイドのカメラマン席からバシャッバシャッというシャッター音が聞こえてくる。ニュース用のアイモ撮影機のジーッという連続音がそれに加わる。

あとで聞いた話だが、ドタン場で新記録をつくるまで、このアイモのカメラがまわしたフィルムの長さは、東京―大阪間ぐらいはらくにあったそうだ。

合宿へ帰れば帰ったで、新聞や雑誌のインタビュー攻め。朝、新聞をひろげると、

――長嶋、また新記録持ち越し

――長嶋、いよいよ待ったなし

といった大きな見出しが、いやでもとびこんでくる。

少々のことには驚かないぼくも、これにはほとほと参った。

合宿でミカン箱に、ひとつがいのセキセイインコを飼ったのも、そのころだった。ぼくの部屋は、スギの斜め向かい側で、一年生の杉本公孝（岩国高、元国鉄スワローズ）と相

東京六大学タイ記録の7号ホーマー。新記録への緊張がはじまった

部屋だった。

じっとしていられなくて、真夜中でもなんでもそーっと合宿を抜けだしてバットを振り、グラウンドではいっそう激しい練習にとりくんだ。中断していた千川越えのフリー・バッティングもやった。

こうして、秋のリーグ戦が始まった。

しかし、気にしないでおこうと思うと、よけいまわりの目が気になって伸び伸びとしたバッティングができない。

とうとう、大学生活最後の慶大戦がやってきた。一回戦には杉浦が投げて勝った。

残りはたった一試合。

ここでもし勝てば、立大は初の連続優勝をかざるが、試合はもうない。

一試合というと、まわってくるのは四打

席がいいところだ。ストライクは十二球。ぼくが宮武さんと呉さんの記録を塗りかえて通算八ホーマーとするには、いわば十二分の一の確率しかない。

いよいよ明日がその二回戦、という前夜、キャプテンの〝キン坊〟のところに、スギ、ヨサ、ユウジらの仲間が集まった。

ぼくになんとか新記録をつくらせようと、みんなで知恵をしぼったのである。

拝藤は二回戦の先発が予定されていたが、

「オレが打たれることにするか」

と、いいだした。

「……オレが打たれて負けりゃ、もう一試合できる。そうすれば、シゲにあと四打席はふえるはずだ」

これを聞いて、

「そんなら、打球がオレのところへきたら、わざとエラーするぞ。ヨサだけ悪者にできん」

と、とんでもないアイデアをだす者まで現われた、という。

みんな、ぼくのことを思うあまりだった。実際には優勝がかかっている一戦でもあったから、そういう友情の八百長試合などできるはずもない。しかし、みんなは真剣にぼくのことを考えてくれた。

もちろん、ぼくはその場にいなかった。まさか、そういう話が仲間たちのあいだにでたとは知らず、ぼくは、目がさえて眠れない夜をなんとか眠ろうとして、懸命に頭のなかで数をかぞえていた。

新記録の八ホーマー

明けて十一月三日。

朝、ペットにしていたインコの首筋をなでてやりながら、

「お前たちは、ノンキでいいな」

つい、そんなことばが口をついてきた。

ひとりごとのようなものだった。ラスト・チャンスは十二分の一の確率だ。そのチャンスをものにするかどうかは、あと数時間のうちにきまる。

弱気になるなよ……と、ぼくは自分にいいきかせた。きょうの慶応のピッチャーがだれであれ、敵はむしろそのピッチャーではなく、自分自身だった。ひるんではいけない。負けるものか、とぼくはおもった。

文化の日だった。

神宮球場は、たくさんの人でうずまっていた。バッティング練習を始めたときから、カメラはぼくに集中した。

試合が始まった。

前日、六点をとっている立大の打線がどうもおかしい。

四回を終わってお互い〇対〇のタイ・スコア。慶大のピッチャーはもちろん、わが立大のチームメートまでコチコチになっている。

だが、いくら自分にいいきかせていても、やはり意識過剰になっていたのだろう。第一打席は、まるで他人がバットを振っているような感じだった。

五回裏。

第二打席がまわってきた。

新記録が出る確率は、もう九分の一に減った。ぼくは三十一年、一年間五ホーマーの六大学新記録をつくったときの気力を思いだそうとした。

バットをケースから抜きだそうとして、ひょいとその手をストップした。

「おい、浅井、お前のバットを借りるぞ」

ぼくのバットの隣りに差しこんであったバットを抜きだした。とっさの思いつきだった。

しかし、浅井のバットをにぎったとき、あまりにも感じがちがうのに驚いた。ぼくが当時使っていたバットは、にぎりの部分がうんと細くて、ヘッドがきいた長距離ヒッター用のバットだった。浅井のはずんぐりと太い、タイ・カップ型のバットである。

ぼくは、その持ちつけない太いバットに全神経を集中した。不思議に、あれほど耳についていたジーッというアイモ撮影機の回転音が、気にならなくなった。

マウンドにいるのは本格派の林だった。

一球目は、カーブのボール。

二球目はストレートだったが、やはりボール。新記録をつくられるのをきらって、意識的にタマを散らしてきているのがわかった。

三球目、アウトコースぎりぎりにストレートがきた。ぼくはバットを振ったが、これはファウルになった。四球目はまたアウトコースへのカーブ。これはボールひとつはずれて、カウントは1―3となった。

林は、まさかぼくを歩かせはしまい、ととっさにぼくは思った。つぎの一球はかならずストライクを投げてくる。アウトコースかインコースか、それとも思いきって真ん中をついてくるか。

つぎの一球が、勝負だった。

林の右腕があがった。ぼくは呼吸をととのえ、借りもののバットをにぎり直した。

運命の五球目――。

それはインコース低目にくいこんできた。林がこん身の力で投げたカーブである。

ぼくは打った。

駆けだした。

全身をバネにして駆けだした。

巻きこむようにして打ったぼくの打球は、レフトのポールめがけて飛び、スタンドにはいった。どよめきが、ベースをまわるぼくを包んだ。うれしかった。

サードをまわるとき、コーチャーの柴田が顔をくしゃくしゃにして手をさしだしてきた。

ベンチのみんなが、いっせいに飛びだしてくる。

ホームを踏み、みんなの荒っぽい祝福を受け、ぼくは酔ったようになっていた。

とうとう、やった。

この瞬間を、佐倉のオフクロはラジオにかじりつき、涙を流しながら聞いていたという。

オヤジが生きていてくれたら、どんなにか喜んでくれたろう。

しかし、ぼくはやった！

六大学で一番の選手になれ、とオヤジは死の床でぼくにいった。オヤジとのその二人だ

東京六大学新記録の８号本塁打を放ち、ナインの祝福を受けてホームイン（昭和32年）

けの約束を、いまぼくは果たした。

ベンチの上の観客席から、祝福のテープがとんできた。それを手で引っぱった。しみじみとうれしさを噛みしめながらも、ぼくは思った。

――あと、もう一つオヤジとの約束が残っているぞ。

第6章　プロフェッショナル

ラッシュアワーの明石駅？

そのころは、もちろん新幹線はできていない。キャンプへいくのは、旧東海道線の夜行列車だった。

三十三年の二月十五日。

オープンシャツの上にベージュ色のブレザーコートを着たぼくは、東京駅の十五番ホームにいた。

卒業試験のため、ほかの人よりキャンプ・インが遅れ、これからひとりで兵庫県明石《あかし》のキャンプへむかうところだった。

プラットホームには、立大の野球部員たちが大勢見送りにきてくれた。

「スギ、歯の具合はどう？」

「だいじょうぶだよ。オレのことよりキャンプのことを気にしろよ」

巨人と南海とにタモトをわかつことになった親友・杉浦は、はれあがったホオを押えた。虫歯が化膿して、スギもキャンプ入りが遅れていた。本屋敷はそのころすでに阪急のキャンプ地・高知にむかっていた。

「杉本、ちょっと……」

ぼくは後輩たちのなかに、一年間、合宿で相部屋だった杉本を見つけて、

「……これ、よかったら使ってよ。前々からあげようと思っていたんだ」

四年間かぶっていた角帽をとりだして、杉本の手に押しつけた。彼は、ぼくのあと母校のサードを守ることになっている。

ぼくは列車に乗りこんだ。

当時のことだから、もちろん〝指定席〟はすすけた三等車である。発車のベルを待っていると、どやどやとホームにだれかが駆けあがってきた。スピグラという大型のカメラを抱えたカメラマンがいる。顔なじみの新聞記者がいる。

その一団のなかに、ひときわ体の大きいイガ栗頭の高校生がまじっていた。黒い学生ズボンに、白い洗いざらしのシャツ。どこかで見覚えのある顔だった。

列車の窓から、首を突きだしているぼくのところへ、彼は大またで近づいてきて、ピョコンと頭を下げ、

「ぼく、早稲田実業の王です。よろしくお願いします……」

「キミがあの王くん？　ずいぶんいい体してるねえ」

ワンちゃんは、人なつっこい顔をほころばせた。白い八重歯が印象的だった。巨人にはいってきたのは、この初対面の日から一年後だが、もうそのころすでにワンちゃんは、プロ入りするハラをきめていたのかもしれない。

「あのう、がんばってください……」

「ありがとう。キミ、バッティングもすごくいいんだってね。しっかりがんばってよね」

そんな短いやりとりだった。

発車のベルが鳴り、列車が動きだして、ひょいとホームを見ると、ワンちゃんが手を振っていた。列車がスピードをあげ、ホームはみるみる遠ざかっていくのに、まだワンちゃんはこっちにむけて手を振っている。

ワンちゃんの、キラキラした目の輝きが、いまでもまぶたの裏側に強く焼きついている。まっすぐで、ひたむきな目だった。

その夜、目がさえて眠れなかったのは、夜行のかたい三等車の座席のせいばかりではな

い。プロ野球のキャンプは、いったいどういうものなのか、ぼくにはまるで見当もつかなかった。はたして六大学リーグ戦でみがいた技術が、プロ相手にも通用するのか。

そんなことばかり考えているうちに、朝がきた。

明石駅のプラットホームが見え始めた。

ラッシュアワーにぶつかったらしく、ホームには大勢の人がいた。

「明石ってところは、ずいぶんにぎやかなんだなあ」

そう呟《つぶや》きながら、のんびりとステップをおりた。巨人が宿舎にしている「大手館」までは、駅から歩いても五、六分でいけると聞いていた。

歩きだした。

そのとたん、ラッシュアワーだと思っていたのは、ぼくの錯覚だというのがわかった。ホームにいた何百人もの人が、わっとぼくを取りかこんで、

「長嶋や」

「待っとったんやで」

と、口々にいうのである。

その中を、大急ぎで脱出して、改札口をでた。でたとたんに、

「わーっ、きよったぞ！」

「ゴールデン・ボーイや」

ホームにいた何倍もの人が、どっと押しかけてきた。二千人はいただろう。神宮で八ホーマーの新記録を達成してから、さんざん新聞や雑誌でヒーロー扱いされたせいか、ぼく自身が気づかないうちに〝ゴールデン・ボーイ・長嶋〟の名がひろがっていたのだ。

ぼくは無性に照れくさかった。

プロでまだ一本のヒットも打っていないのに、人気だけが異常に先行している。そのことが恥ずかしかった。

ぼくのこんな顔でも、ひと目、見ようと駅の内外で待っていてくれたファンは、できた当人がブスッとしているので、さぞ腹がたっただろう。が、まだ練習に加わってもいないぼくに、愛想笑いをふりまく余裕などなかった。

ぼくはくちびるを嚙みしめて、人波をかきわけかきわけ、ようやく目的の「大手館」にたどりついた。ふつう五、六分でくる道が、四十分もかかった。

その日は、ちょうど練習が休みの日に当たっていた。そのため、選手は外出しているのか旅館はガランとしていた。

気負ってやってきたぼくは、ちょっと拍子抜けしてしまった。

「おう、きたのか」

と、玄関まで出迎えてくれたのは内藤（博文）さんだけ。その内藤さんも、ぼくを二階の部屋に案内すると、どこかへ姿を消した。

ぼくは人っ気のない旅館をうろうろと探しまわって、やっとひとりぼっちで風呂にはいった。立大の合宿で、みんながワイワイやりながらはいる風呂がなつかしかった。

風呂の湯はぬるく、女中さんがたててくれるあいだ、湯舟からでなければならなかった。

ぼくは、つまらない駄じゃれを呟いて、苦笑した。

「プロの水は冷たいぞ」

背番号は3番

大学時代、ぼくは二度、首位打者のタイトルをとり、おかげで三十年秋から連続四シーズン、ベストナインにも選ばれた。神宮球場での通算成績は九十六試合にでて、八十七安打、打点三十八。打率は三割八分六厘だった。

巨人と契約した直後、東長崎の合宿でぼくは、共同記者会見の場に引っぱりだされた。

記者の人たちの質問は、

「なぜ、南海を断った？」

という点に集中した。

ぼくは、そのときこう答えたのを覚えている。

「あいだにはいった人が、あまりにも一人合点《ひとりがてん》したんじゃないかと思います。その人にはお気の毒だとは思いますが、ぼくははじめからプロにお世話になるなら巨人、ときめてました」

鶴岡（一人）さん、当時の南海・山本監督には巨人に入団がきまったときに、この間のいきちがいを詫《わ》びにいった。球団とぼくのあいだばかりか、あいだのあいだに立つ人もいて、よけいに事態が複雑になったが、しかし、ぼくの気持ちは巨人にきまっていた。

八ホーマーの新記録をつくったあと、いろんな球団から誘いの手がのび、なかには巨人の契約金を上まわる現ナマをだしてきたチームもあった。だがぼくは、お金のことはなにも考えていなかった。とにかく、自分の力をプロの最高レベルで試してみたい、という気持ちがすべてに優先した。

八号ホーマーを打って六日後、ぼくは意外な人に出会った。巨人の川上さんである。

この〝デート〟をとりもった野球雑誌の編集長によると、ぼくは川上さんからすすめられた15番という背番号を断ったらしい。

「いや、15番はどうもつけた格好《かっこう》がよくないですねえ。一ケタのほうがいいです」

と、ぼくは川上さんにいったという。

実は、このやりとりをぼくはまったく覚えていない。うんとたってから、このときのことが活字になっているのを見て、首をひねった。どうにも思いだせないので、その場に立ち会った編集長に再確認したら、

「たしかにそういってましたよ。そのときのメモに、三、四行ほど書きつけているからまちがいない」

という返事だった。

メモに残っているのなら、事実なのだろうが、どうしてもその間の記憶がぬけ落ちてしまっている。というのは、このときぼくは、チャンスとばかり、川上さんにくいさがってカーブを打つテクニックを根掘り葉掘りきいていたからだ。

「いやあ、キミならだいじょうぶ。このあいだの八号ホーマーを、ぼくはテレビで見たが、あの打ち方ならだいじょうぶだよ。二十年くらい巨人の四番の座を守る男にきてもらえそうで、ぼくも安心したよ」

川上さんにそういわれたことが頭にあって、ぼくはそのあとの背番号談義をすっかり度忘れしたのだろうと思う。

〝3番〟は、かつて高校生のころ、後楽園の外野席から胸をおどらせた千葉さんのものな

初めてジャイアンツのユニフォームに袖を通す（昭和32年、東京會舘で）

のは、いくら忘れっぽいぼくでも知っていた。戦前の二シーズン制時代、初の三冠王に輝いた中島治康《はるやす》さんから千葉さんに移った由緒《ゆいしょ》ある番号だった。

それまで、ぼくは背番号というものをつけたことはなかった。佐倉一高―立大とユニホームの背中にはなにもついていなかったから、巨人での3番が、生まれてはじめてのものになる。

十二月七日。

日比谷の東京會舘での入団発表の席で、ぼくははじめてその背番号3のユニホームにそでを通した。

「この3番という番号は、キミのためにとくにコーチの千葉がプレゼントしてくれたものだ。長嶋くん、大事にしたまえよ」

当時、球団社長だった品川主計さんが、ぼくにそういった。

あとで聞いたことだが、ぼくにこの栄光の背番号をゆずってやってほしい、と宇野代表から打診された千葉さんは、その場で即座にOKしてくれたそうだ。

その千葉さんは、

「ベンチは実力のある人間だけがいるところや」

という名言を残して、みずから多摩川のファームへ去った。

背番号3——。

ぼくは、明石キャンプに合流した翌日、そんないきさつのあるユニホームをスーツケースからだした。

「走ってこい」

水原監督にいわれて、外野のフェンスへ駆けていったぼくは、あっと思った。

文字通りの巨人《ジャイアント》が、ユニホームをきて待っていたからである。ぼくより完全に首ひとつは高かった。

ピッチャーの馬場正平。のち風呂場で大ケガをしてプロレスに転向、世界チャンピオンの座についたあのジャイアント・馬場である。

翌年のキャンプに、ワンちゃんがきたときにも、水原さんはこの馬場と組ませている。ぼくとはちがって、ワンちゃんのときはバッティング投手としてボールを投げてもらい、それを打つのだった。

並はずれて手が大きい馬場投手のタマは、おそろしく球質が重く、ワンちゃんはなかなか内野手の頭を越せなかったという。

ぼくは、この巨人《ジャイアント》と並んで外野を走りながらプロ野球というのはおもしろそうだぞ、と思った。当時の巨人には、マスコミで脚光を浴びていたぼくに対して、ひややかな目をむけるベテランがいなかったわけではない。が、このプロフェッショナルの集団のなかで、まっしぐらに自分の道を走りだしたぼくには、なにひとつ気にならなかった。

ただ、ぼくはグラウンドにいく前に、千葉さんのところへいき、

「この背番号、ありがとうございました。光栄に思っています」

と、頭をさげた。

キザに聞こえるかもしれないが、それはぼくの本心だった。

ぼくはキャンプではほかのルーキーたちといっしょに、せっせとタマ拾いもやり、バット係もやった。新人である以上、やるのが当然だと思っていた。

新人ばなれ

明石のキャンプでは、エース・藤田（元司＝元巨人監督）さん、関大から入団した同じ三塁手の難波（昭二郎）と同室だった。あの与那嶺さんでさえ、藤尾（茂）さんや坂崎（一彦）と大部屋に入れられていたから、特別待遇だったのだろう。

苦労人の藤田さんは、鳴りもの入りではいってきたぼくが、チームメートから白い目でみられやしないかと、ずいぶん気を遣ってくれた。

「おいおい、長嶋くんや……」

「はっ？」

「ひとつ、このぼくと賭けをするかね」

「賭けごとなら大好きです。なんでも受けて立ちますよ」

ほんとうは、からっきし賭けごとに弱いのだが、ぼくは胸をはって藤田さんの挑戦に応じた。

「それでいったい、なに賭けます？」

すると、藤田さんは真っ黒に日焼けした顔をほころばして、

「お前さんのホームランと、ぼくの勝ち星の数さ。お前さんが三十本打ちゃ、ぼくは三十一勝する……。どうかね」

「いいんですか、それで……」

わざとそんな強がりをいいながら、ぼくは藤田さんの心遣いがピーンと伝わってくるような気がした。いくらエースでも三十勝というのはたいへんな苦労がいる。ホームランは、ちょっと馬力があれば一本、二本はすぐだ。そのうえ、ぼくは自分でいったつもりはなかったのに、いつのまにやら新聞で三十ホーマーを公約したことになっていた。負けるのを承知のうえで、ぼくに張り合いをもたせるための藤田さんの提案だった。

しかし、ものごとに無頓着《むとんじゃく》なぼくは、せっかく藤田さんが気を揉《も》んでくれているのに、キャンプでは伸び伸びとはねまわった。

守備練習のときは、御大《おんたい》・水原さんがみずからノックする。

左隣りのショートは、名手とうたわれた広岡（達朗＝元西武監督）さんだ。ものおじしないぼくは、三遊間にくる打球は遠慮なく飛びついていった。ふつうなら、ショートがとるタマでもお構いなしだった。

「ウチの三遊間は、オレのノックじゃ破れんわい」

水原さんがそういって大きなタメ息をつくのが、ぼくにはこたえられなかった。

プロ一年生でも、いったんグラウンドにでればだれに気がねすることはない。力と力、技と技とがぶつかりあって、強いほうが勝つ。妙な駆け引きや、妥協は無用、とぼくはすっぱり割り切っていた。

また毎日が楽しくてたまらなかった。守ることも、打つことも、そして練習の最後にやるベース・ランニングでも、ぼくは力のかぎりやり、そうすることが楽しかった。

キャンプを仕あげると、巨人は四国へ飛んだ。

三月一日。高知球場での阪急との初オープン戦である。プレーボールは午後一時だというのに、この日、球場のキップ売り場には八時間前の午前五時に、もう長い行列ができたという。

「キップは残っとらんか」

相手の阪急ベンチからも、選手が何人かぼくたちのロッカールームへやってきた。五百円の特別席が飛ぶように売れ、ダフ屋が法外な値をつけているという話だった。

この試合で、ぼくはそのころめっぽう速かった梶本（隆夫＝元阪急コーチ）さんのタマをたたいた。八回の無死満塁から出たレフト前へのタイムリー。オープン戦ではあっても、これがぼくのプロ入り初安打となった。

翌日は高松へ移動して、ふたたび阪急と顔を合わせた。ぼくは森口からレフトへ初ホーマー……。

そのころ野球専門の週刊誌も発刊、スポーツ紙も連日のようにデカデカとぼくのことを書きたててくれたせいか、オープン戦はどこへいっても超満員。三月九日の大阪球場の南海とのゲームなどは、三万三千人というすごい大入りになった。

ぼくは、われながら奇妙なところがあると思う。アガる、ということを知らないのだ。むろん、ドタン場の状況で打席に立つとき、体の奥が燃えるような緊張と興奮はいつもある。だが、スタンドの歓声やヤジで、アガってしまって度を失うことはない。オープン戦であっても、一打席一打席がぼくには待ち遠しくてならなかった。スタンドの反応がうれしかった。

オープン戦を打ちあげたとき、いつのまにかぼくはホームランを七本も打っていた。新人としては異例の成績だった。

しかし、そのころ、ルーキー・長嶋の動向に神経をピリピリさせていた選手がいることを、ぼくは知らなかった。

ペナント・レースの開幕第一戦でぶつかる国鉄スワローズのエース・金田（正一）さんである。

ぼくがオープン戦でサウスポーの小野（正一＝元大毎オリオンズ）から、ホームランを打ったとき、金田さんはソバ屋でソバをすすっていた。

「……この小野から打ったんだから、開幕第一戦でぶつかる金田も、もう長嶋は打ったも同然ですね」

ソバ屋のテレビから流れてきたアナウンサーの声を耳にしたからたまらない。金田さんは、やにわにソバの代金をたたきつけ、顔色を変えて飛びだしていったという。が、ぼくはそういうエピソードなど知るはずはなかった。

プロの力

ぼくはそのころ、東京・世田谷区野沢の保野《またの》さんという人の家に下宿していた。近所に住んでいる川上さんに紹介されて、はいったのだが、アットホームな感じが気に入って、自分の家みたいにふるまっていた。

ご主人は栄一さんといって、ある海運会社の課長さん。奥さんの富美子さんとのあいだに、小学六年と四年の男の子がいた。

この家には、三十五年暮れに同じ世田谷区の上北沢に新居ができるまで、ずっとお世話になった。

なにごとにつけ、ぼくは行動が直線的な男だから、俣野さんたちはあっけにとられるようなことが多かったと思う。どこかへでかけるときは、ちゃんとした廊下があるのに、ずかずかと一家団欒《だんらん》中の部屋の真ん中を横切っていく。この家では食事のあと、めいめいの皿を重ねる習慣があるのに、食べ終わるとそんな〝ルール〟はケロッと忘れて、

「テレビ、テレビっ——」

と、お茶の間にすっとんでいく。

いま思いだしてもヒヤ汗がでるようなことばかりしていた。なにしろ、世間的な分別《ふんべつ》もなにもない青二才である。

オープン戦から帰ってきても、ひまさえあればスーツやらシャツ、ネクタイなどを買いあさって、おしゃれに憂き身をやつしていた。

そのころよくいったのが、日本橋の後藤テーラー。一年間に三十着はセビロばかりつくった。

当時のぼくのサイズは、バスト＝108センチ　ウエスト＝88センチ　ヒップ＝112センチ　肩幅53センチ。

若ダンナの長得さんから、

「あんたは右投げのくせに左の肩があがってますね。こんなのは十万人に一人しかいませんよ」

といわれて、なんとなく得意になったりしていた。

そんな生意気ざかりのぼくだったから、開幕第一戦でどんなに大変な目に会わされるのか、まるで考えてもいなかった。

事実、オープン戦ですっかり自分の力に自信をもち、

「なんだ。プロってこの程度のものか」

と、すっかり甘くみていたのである。

また、オープン戦では、やればやるほど調子がでてくるという感じだったから、それもムリはない。

外部から眺めていると、すごい力を持っているように見えたピッチャーでも、オープン戦の打席で、じかにぶつかってみると、それほどでもなかった。ほんとうのプロは、オープン戦を調整期間と考え、打たれるのも練習のうち、と割り切っていることなど、ぼくはぜんぜん気づかなかった。ガムシャラにぶつかっていった結果が、そのまま公式戦にも通用すると単純に考えていた。

開幕第一戦にぶつかるはずの金田さんとは、オープン戦のとき、一度、球場の通路です

れちがったことがある。

「おっ、かの有名な新人だな」

という金田さんに、ぼくはペコリと頭をさげ、

「よろしくお願いします」

と、新人歌手みたいなあいさつをした。

「うん。まあ、元気でやんなさい」

握手したときの金田さんの手の大きさにも驚いたが、それよりギュッと握りしめてきた万力《まんりき》のような握力のつよさには恐れいった。

そして、すれちがったときの背の高さ。

実はこのときの金田さんは、わざとツマ先立ってぼくを見おろし、必要以上に力をふりしぼって握手してきたらしいのだが、そんなことにこっちは気がつくわけはない。

ピッチャーが投げるマウンドは、ホームプレートより三十八センチ高いところにある。金田さんは身長一メートル八四のノッポだが、背伸びすればもっと高くみえる。

ぼくは一メートル七九。

「ずいぶんノッポなんだなあ」

と、思わせただけでも、この最初のすれちがいで、金田さんはワンポイントのリードだ

った。

しかし、ぼくはそんな心理的トリックなどまるで気づかない。

やっぱり緊張するなあ……、と思いながらも、開幕第一戦の前夜は、俣野さん宅の六畳間で、もう十時すぎには気楽な高いびきをかいていた。

床の間には、ルイスビルのバットを四本立てかけて置いたが、手にとって振りもしなかった。一夜明けたら、どんな悲劇（？）が待っているか、そんなことは夢にも考えなかった。

四打席四三振

スコアボードの上の球団旗が、ときどき思いだしたように左右になびいた。

早春の空の青さが、目にしみた。

四月五日。

いよいよ国鉄とのオープニング・ゲームの始まりである。

ぼくは、大きく深呼吸して、ぎっしり埋まったスタンドを見まわした。この日の観衆、四万五千……。すごい入りだった。

つい六年前、ぼくはこの球場のレフト外野席で息をつめて見守っていた観衆のひとりだった。プロ選手へのあこがれに胸を焦《こ》がしたあのぼくが、いまこうしてジャイアンツの三番バッターとしてグラウンドに立っている。

ぼくはスターティング・ゲートにはいった若駒のようにいきりたっていた。パッパッと二、三歩駆けだしながら、バットを振った。ビュッという音で、スイングの調子を計るぼくの癖だった。この日だけはベンチでとしよりくさい顔をしてじっと座ってはいられなかった。

国鉄の先発は、やはりあの金田さんだった。巨人は藤田さん。

一回裏。

トップの与那嶺さんの二球目が、ファウルチップとなった。スタンドがどっとわいたので、のびあがって見た。ボールは、谷田捕手のマスクにめりこんでいる。審判が抜きとろうとしたが、とれない。スタンドがまたどっとわいた。

ぼくは笑えなかった。

すさまじい金田さんのスピードを、まざまざと見た思いがしたからだった。

二番の広岡さんも連続三振に倒れた。

いよいよ、ぼくの番である。

スタンドがわいた。

金田さんは、ぼくを見ると、なぜかニヤッと笑った。それから、スタスタと二歩マウンドから後退して遠投のようなことをした。

ぼくは、アゴをひいてその顔をじっとにらみつけた。

金田さんはマウンドの上で、ぶるんと左手首を振った。手のひらが白い。

第一球。

肩口の高さにストレートがきた。

振った。

速かった。思いきって振ったはずのぼくのバットは、ほんのまばたき一つする時間だけ遅れた。空振りである。

二球目は、アウトコースからまわりこんでくるカーブ。おそろしくブレーキがきいていて、まるで手がだせなかった。

「ストライク・ツー！」

審判の判定が、ムチのように響いた。

つぎを一球、またもカーブではずしてきていよいよ四球目――。

これは、一球目よりもさらに速かった。インサイド、肩口と胸マークのぎりぎりの線を、カミソリでスパリと切ってくるようなストレートである。

これまでに出会ったどのピッチャーも、これほどすばらしいストレートは持っていなかった。

だが、ぼくは歯をくいしばって振っていった。シュッと、バットはむなしい擦過音《さっかおん》をたてた。三振である。

二度目の打席は、四回裏にやってきた。

今度はフルカウントから、大きくヒザもとに落ちるカーブに、またしても空振りの三振。

七回裏の三度目は、さらにみじめだった。

無死一、二塁というチャンスにぼくの打席がまわってきながら、三球三振である。

どうしようもなかった。

最後の打席は、九回裏だったが、これもフルカウントから、またしても三振。

四打席四三振――。

金田さんは、この四打席に、合計十九球投げてきた。そのうちぼくは八球を空振り、かろうじてバットに当ててファウルにしたのはたった一度にすぎなかった。

このとき、金田さんのお父さんは胃ガンで生死の境をさまよっていたという。病院で「学生さんに負けたらいかんぞ」とはげまされてグラウンドにきた。もちろん、そんなことは一言も洩《も》らしはしない。金田さんは、プロフェッショナルの意地をかけて、ぼくと勝負してきたのだった。

ベンチに戻った。だれかが肩に手をおくので、振り返ると、川上さんのきびしい顔があった。

「長嶋……」

「はい」

「あんな金田は、これまで一回もなかったんだ。気にするなよ。気にしちゃいかんぞ」

日本一速いタマ

気にしないでおくほうがムリだった。

くやしくて、くやしくて、その日、俣野さんの下宿に帰っても、なかなか眠るどころじゃなかった。

翌日はダブル・ヘッダーで、開始時間は早い。すこしでも寝ておかなきゃと思いながらも、目をつぶると、マウンドの上で、ひらひらっと小刻みに震わせていた金田さんの左手が頭にちらつく。そして、ほんとうに目にもとまらぬ、という形容がぴったりのあの快速

金田さんとの対決で、プロの実力をまざまざと見せつけられた

球……。

　ふとんをかぶって寝ようとしても、つい昼間の自分の無惨《むざん》な姿を思いだして、ガバッとはね起きる。起きると同時に、床の間に立てかけてあるバットをワシづかみにして構える。しばらくして、また頭からふとんを引っかぶる。また、ガバッと起きだす……。

　そんなことをくり返しているうちに、ひょいと気がつくと、窓から朝の日ざしが差してきていた。ぼくは明け方まで、くやしさと恥ずかしさで、ろくに寝られなかったのである。

　いいことやうれしいことは、すぐに忘れてしまうものだが、つらいこと、苦しいことというのは、いつまでも残る。ぼくの場合はそのショックがあまりにも強烈すぎた。

　プロなんて、と甘く考えていたとたんに、

頭をガーンと丸太でやられたようなものだった。

ただ一つの救いは、三振を恐れず、最後まで向かっていったことだ。三振にとられるのがイヤならば、バットをあんなにフルスイングせずに、ミート本位で当てていけばよかったかもしれない。その気がさらさらなかったことが、ムリにこじつければたった一つの救いだった。

その当時のプロのバッティングは、ボールをうんと引きつけて打つ打法が圧倒的に多かった。

腰の回転を使って打つやり方である。

しかし、ぼくのバッティングはちがっていた。

腰の回転はもちろん使うが、それよりも打つポイントをうんと前において、いわば打ち抜いていくバッティングだった。

ぼくの打ち方をみた川上さんや千葉さんは、

「キミは変わった打ち方をするなあ。リストをすごく使うバッティングで、ほかのヤツにはちょっと真似ができんぞ」

と、批評していたものだ。

だから、正直にいえば、はじめからチョンと当てていくバッティングなどできないスイングだった。体の前でボールをさばくのだから、こうと思ったら振り切っていくほかない。小細工《こざいく》はやる気もなかったし、またやろうとしても、そのころのぼくにはムリだった。

「いつかは必ず……」

しらじらと明けてきた朝の六畳間で、ぼくはふとんの上にすわりこんで、呪文《じゅもん》のように呟《つぶや》いた。

「……打ってやる！」

後楽園につくと、藤田さんがキョトンとして、

「なんだ。シゲはまた時間をまちがえちゃったな。こんなに早くからくるなんて、どうかしたんじゃないか」

「いやあ、つい張り切りすぎてしまって……」

ぼくは頭をかいた。

ろくに寝ていないのに、不思議に眠くはなかった。

ダブルの第一試合は、町田（行彦）さんのホームランで負け、つづく第二試合もまた町田さんに痛いところで打たれて負けた。

ぼくはこの日、三林投手からセンター・オーバーの二塁打を打ったが、胸のなかのモヤモヤは晴れなかった。プロ入り初安打というのに、なぜかちっともうれしくなかった。

それから四日後。

大洋戦の三回裏、ぼくは権藤《ごんどう》（止利）投手の二球目をレフト・スタンドにたたきこんだ。このぼくのプロ入り第1号ホーマーと相前後して、同じ日、早大のスラッガーだった中日の森（徹）はプロ入り2号ホーマーをマークした。が、同期の森へのライバル意識はぼくにはなく、ただひたすら金田さんの、あのひらひらとマウンドの上で揺れていた白い手のことを思いつめていた。

カネさんは、ほかのピッチャーとは別格だった。セ・パ両リーグを通じて最高の、いわばプロ野球そのもののエースだった。

ぼくがプロフェッショナルとして通用するためには、このカネさんが投げる日本一速いタマをみじんに打ち砕かなければならない。

が、ぼくがカネさんをどうにか打ちこなせるようになったのは、やっと三年目からである。プロ入り最初のシーズン、カネさんとの対戦成績はわずか一割七分九厘、十一個の三振をとられてワンサイドに押えこまれた。二年目になって、やっとカネさんに対する打率も三割三分三厘にあがり、三年目はとうとう一個の三振もとられなかった。三十九年には四割二分九厘とぼくのほうがワンサイドに打てるようになった。七年間の対戦成績は、三割一分三厘のホームラン十八本、三振三十一個——。

長いたたかいだった。はたしてどっちが勝ったのか負けたのか、そんなのは第三者がきめることだろう。

カネさんは、ぼくにプロフェッショナルのすごさを教え、その不屈のこころを教えてくれた。

ぼくにとって最悪のデビュー戦は、また最良のスタートともなった。

幻の30号ホーマー

今のぼくの脚力からは信じられないことだが、プロ入り一年目のころの足は、まるで暁《あかつき》の超特急みたいな感じだった。だまっていても、勝手に足だけが走っていった。ハリケーン、というニックネームをつけてくれた新聞社があったが、百メートル・レースはいつも十一秒台で軽くテープを切るほど速かった。

大阪球場での南海とのオープン戦で、セカンドのちょっと右へゴロをころがした。ごくふつうの当たりで、ベテランの岡本（伊三美＝元近鉄監督）さんはきれいに処理した。が、送球がファーストにとどく前に、ぼくは風のようにベースを駆け抜けていた。打つことも走ることも楽しくてしようがない男にかかっては、いくら岡本さんでも処置なしだったと思う。

相手がどこだったか記憶にないが、この年の六月の試合で、ごく平凡なセカンド・フライでサードをタッチアップ。あれっ、という間にホームインしたこともある。

「お前のやることは、まるでマンガだな」

と、水原さんは妙な賞《ほ》め方をしてくれたが、こっちは、毎度、足がウズウズ夜泣き(?)してこまっていたのである。

もっとも、常識にかからない大ポカをやってしまったことも何度かある。

特製の大ポカは、ベースを踏み忘れて一本フイにした幻のホームラン。これもプロにデビューしたばかりのこの年、三十三年だった。

九月十九日の広島戦、相手のピッチャーは鵜狩……と、忘れっぽいぼくでも、これだけは妙にはっきり覚えている。死んだ子の歳を数えるみたいだが、また、あのホームランは、特別バカでっかかった。左中間へロケットみたいに吹っ飛んでいったから、こっちはホイホイと得意になってベースを一周……したと思った。

ところが、なにしろ暁の超特急だ。〝駅〟を一つぐらい抜かして通過するのぐらいわけはない。ついついスピードが乗りすぎて、一塁ベースを踏まずにノンストップで一周してしまった。

広島側から、

「踏んどらせんがな」

とアピールされて、あわれ、ぼくのロケット・ホームランは〝投ゴロ〟と公式記録に書き換えられてしまった。

しかし、水原さん以下コーチ陣が総出でくりだして、審判にくってかかっているさなか、ぼくだけベンチの隅でケロッとしていたそうだ。

これは、親友の難波に聞いた話だからまちがいないと思うが、そのときぼくは、

「どうせアウトなんだろう。いいじゃないか。次の打席でまた打ってやるさ」

と、不遜《ふそん》なセリフを吐いたらしい。

結局、このプロ入り一年目のホームランは二十九本どまり。キングのタイトルはとれたけれど、三十本の大台に乗せたのは、それから五年後なのだから、かえすがえすも惜しいことをした。

このシーズンは、いきなり打点王のタイトルもいただいてしまった。首位打者は逃したが、当時のぼくは記録などは問題にしていなかった。

それより、一人でも多くのファンに、若さではちきれそうなぼくのプレーを見てもらいたかった。見せたい一心だった。グラウンドいっぱいを駆けめぐり、はねまわっているこ

とが、もうぼくにはすべてだった。

シーズンが終わって気がついてみると、この年のぼくは、公式戦の全試合、全イニングに出場していた。秋に来日した大リーグ・チーム、カーディナルスとの試合にも出ずっぱりだった。

それだからなのか、全日程が終わったときに、カーディナルスのヒームズ監督は、このぼくを全日本チームのなかからただ一人、最優秀選手に選んでくれた。

ペナント・レースの新人王は、もちろんうれしかった。ホームラン王も、打点王も、うれしかった。だが、そういうタイトルにもまして、一年目のこのシーズンに、ぼくがただの一イニングも休まなかったことが、うれしかった。

ぼくは、どんなときでも全力をふりしぼった――。ときには、結果がダメな場合もあったが、懸命にやった――。それが、目にみえない勲章のように、ぼくには思えた。

バットに祈る

巨人のユニホームを着て二年目のシーズンがやってきた。

川上さんがコーチになり、広岡さんがキャプテン。一年前、東京駅のプラットホームで出会ったワンちゃんのほか、ノンプロ日本生命のエースだった伊藤（芳明＝元巨人スカウト）のオッチャンや、松商学園の塩原（明）らが入団してきた。ピッチャーだけでも九人の新人がはいってきて、ベンチは急に若やいだムードにあふれるようになった。

この年、三十四年の六月二十五日——。

ぼくは、聞き覚えのあるクラクションの音で、下宿の窓から外をのぞいた。

「おーい、いくぞ」

オースチンの運転席から、川上さんがメガネを光らせて催促していた。

同じ町内に住んでいたため、後楽園のゲームのときは、いつもこうして川上さんのクルマに便乗《びんじょう》させてもらっていた。

「ゆうべは、よく寝たか？」

助手席に乗りこんだぼくに、川上さんが聞いた。

「なんだか、興奮してしまってダメですね」

「キミは、興奮したときのほうがよく打つからなあ。きょうはいいゲームをお見せしたいものだね」

いいゲーム……と、ぼくは口のなかで呟き、大事に黒皮のケースに入れてきたルイスビルのバットを、そっと撫《な》でた。このバットを枕もとにおいて寝たのは、ゆうべが初めてだった。

ぼくはタタミの上に正座して、片手拝《おが》みにバットにむかって目をつぶり、

「なんとか、ぼくにいい場面で打たせてください」

と、懸命に祈った。

もし、こんなところを俣野家の人に見られたら、とうとうあの人は気がふれた、と思われたかもしれない。が、本人は正気も正気、おそろしく真剣だった。

一週間も前から、ぼくは静かな興奮を味わっていた。自分が意外に古い人間だったんだな、と思いながらも、日一日と気持ちがたかぶってくるのを抑えることができなかった。

一球入魂《にゅうこん》――。

と、よくいうが、その夜、タタミの上に正座して祈ったときのぼくの気持ちは、まさにそれだった。単なる木切れでしかないバットに、ぼくは自分のたましいを注ぎこみ、そして打ちたかった。

川上さんは、球場が近づくにつれ、だんだん無口になった。ぼくも黙っている。

球場正面のゲートには、武装した警官が何人も立っていた。私服刑事らしい目つきのするどい人が、すばやくぼくたちの車を点検した。ものものしいムードだった。

ロッカールームにはいって、ぼくは何気なく監督の水原さんの顔を見た。ふだんは水の

ように冷静な水原さんのホオに、ぽっと赤味がさしている。

「長嶋、ゆうべはよく眠れたか？」

水原さんも、同じことを聞いた。

あとで聞いた話だが、この日、球場へでかける前に、水原さんはもう一度、風呂場で身を潔《きよ》めたという。ナイターのとき朝風呂にはいる習慣がある水原さんにとって、おそらくはじめての〝二度風呂〟だったろう。だが、ホオの赤味は、そのせいではなかった。戦前派の水原さんもまた、珍しく興奮しているのだった。

プロ野球史上初の天覧《てんらん》試合は、こうして幕をあけた。

第7章　ロイヤルボックスの視線

震える足

マウンドの藤田さんが、ぼくを見た。なにかいおうとしたのだろうが、藤田さんはくちびるを真一文字に引き締め、セット・ポジションにはいった。

この試合はじめてのランナー並木（輝男）が、一塁にいた。

三回表無死。

ぼくの左隣りの広岡さんが、じりっとカカトをあげ、前傾姿勢をとった。

静かだった。

この日に限って、応援団もカネやタイコの持ちこみを禁じられていたので、スタンドは異様なほどシンと静まり返っていた。

バックネットのちょうど真うしろ。ロイヤルボックスが、闇のなかで白く浮きだしていた。タキシードやモーニング姿の球界関係者がいならび、中央に両陛下が腰をおろされているはずだが、ぼくにはなぜか、その方角を仰ぎ見ることができなかった。

おそれ多い、というのではない。ロイヤルボックスからの両陛下の視線が、ぼくにじっと集まっているような気がして、とてもそっちのほうを見返す勇気がなかった。整列してお迎えしたときから、ぼくは足が震えてどうしようもなかった。

新聞の記事によれば、陛下のお目当ては長嶋茂雄という新しいスターにあったという。このぼくのプレーを期待されている、という誇らしさと責任感とを、当時二十三歳だったぼくは震えるほどの感動のなかで嚙みしめていた。

四球で歩いた並木をおいて、キャッチャーの山本（哲也）さんはゆるいゴロをころがした。

広岡さんがカモシカのように前進した。が、並木のスタートが早くて二塁は間に合わない。とっさに広岡さんは体のむきをかえ、一塁に投げた。

一死をとったが、ランナーは二塁。

阪神の応援団がいる三塁側のスタンドはどよめいた。

「さあ、ガンちゃん、いこう！」

広岡さんが、バシッとグローブをこぶしで叩いて、声をだした。

みんなから〝ガンジー〟とか〝ガンちゃん〟と呼ばれていた藤田さんは、またぼくのほうを見た。

そうか……と、ぼくははっとした。

プレーボールからずっと、ぼくはサードの守備位置にいて、じっと押し黙ったままだったのだ。

ぼくの声は、ふつうの人より一オクターブ高い高音だが、この日だけは緊張のあまり、その高音を一度もだしていなかった。

「さあ、締まっていこう！」

たぶん、ぼくの声はかすれていただろう。

真一文字に引き結んでいた藤田さんのくちびるが、ふっとゆるんだ。

打席でバットを構えているのは、ラスト・バッターの小山（正明）さんだった。針の穴を通すような正確なコントロールを持った阪神のエースである。

カウント2―0。

藤田さんのしなやかな体がマウンドの上でおどった。

つぎの瞬間、藤田さんはパッと反射的にグローブを突きだした。

しかし、小山さんの打ったボールは、そのグローブのはるか先で砂を噛み、するどいゴロとなってセカンドの左側を抜けていった。

ぼくの目の前を、最初のランナー・並木がいっさんに駆け抜けていった。

阪神、まず一点のアヘッド――。

同点ホーマー

ぼくは前の年の八十四試合目から、ずっと四番を打っていた。

入団していきなり打たされた三番にくらべたら、心理的負担の大きい打順である。三番なら、一、二番バッターが出塁していてもいなくとも、相手のピッチャーは冷静、慎重に攻めてくるから、打つほうはそれほど考えをめぐらせることはない。しかし、四番はそうはいかない。三番打者に痛い目にあったあとのピッチャーというのは、次の攻め方がうんと強気でくるか、それとも逃げでくるか、極端にピッチングのパターンが変わってくるからである。

この天覧試合でも、むろんぼくは四番にすわっていた。

一点を先行された五回裏――。

ぼくはその回のトップ・バッターである。

前夜、熱い祈りをこめて枕もとにおいたルイスビルのバットを、二度三度と振ってからボックスにむかった。重さ九百七十五グラム（二百六十匁）の薄くベージュがかったバットだ。

ボックスにはいるとき、ひょいと山本捕手と目が合った。マスクをはずして、小山さんのウォーム・アップの相手をしていた彼の顔がいつもとちがう。

ふだん無精ヒゲをはやし、それが一種のトレードマークでもあった山本さんは、珍しくきれいに、そのヒゲを剃り落としてきているのだった。彼はぼくの顔をおそろしく恐い目でにらみつけ、マスクをぐいとおろした。

負けるもんかい、という意思表示だった。

ぼくはバットを構え直した。

小山さんは、サインをのぞきこむと、速いモーションで投げこんできた。

カウント1―1。

インコースにぐぐっと食いこんでくるシュートを、ぼくは強引に振った。

レフトのスタンドが割れた。

同点ホーマーである。

つづいて、五番の坂崎も打った。小山さんのカーブをすくいあげて、こんどはライト席へ。あっという間もない逆転であった。

三塁側の阪神ベンチは、声もなかった。

しかし――。

それから五分とたたないうちに、ぼくはつぎつぎと目の前を通りすぎていくタテ縞の黒っぽいユニホームを、手をこまねいて見送らなければならなかった。

エース・藤田さんが打たれたのである。

六回表。

〝牛若丸〟と異名のある小柄な吉田（義男）さんが、まずセンター前にはじき返した。一塁キャンバスでスパイク靴のカカトを打ち合わせ、吉田さんはリードをとった。

カウントを追いこまれたボックスの鎌田は、藤田さんのウエスト・ボールをとてつもないダイコン切りで振った。

「ストライク・スリー！」

球審の右手があがった。と、それよりも早く、リードをとっていたランナーの吉田さんが走った。軽快な身のこなしでセカンド・ベースにすべりこんで、吉田さんはまたスパイク靴のカカトを打ち合わせた。鎌田の空振りの三振は、吉田さんの盗塁を援護するためだったのである。

ぼくはマウンドの藤田さんに、目を走らせた。

前のシーズンに一・〇九というすばらしい防御率をマーク、連投につぐ連投に耐えてきたこのエースが、肩を痛めていることを、ぼくは知っていた。

肩の激痛のため寝返りもうてず、アンダーシャツの右肩の下に分厚いタオルを忍ばせていても、風がしみてどうしようもなくなったのは、この天覧試合の翌年だが、しかし、藤田さん本人がひとことも泣きごとを洩らさないだけ、いっそう疲労が色濃く残っているのを、ぼくは勘づいていた。

つぎのバッター三宅（秀史）さんの打球は、レフトの前へとんだ。

藤田さんは、それが癖の首をちょっと右側に傾けるポーズで、マウンドに立ち続けた。顔色ひとつ変えなかった。

しかし、この日の異常なムードのなかで、藤田さんの疲れきった腕は、いつものようなタマの切れを失っていたのかもしれない。

同点に追いすがられた直後、藤田さんははじめてマウンドの上でくちびるを嚙んだ。

つづくバッター・藤本に第一球をいきなり左中間スタンドにたたきこまれたのだ。

2ラン・ホーマー。

点差は二対四と逆転した。

が、水原さんは、ベンチで腕組みしたまま身じろぎもしなかった。藤田さんをじっと見つめ、ついになにもいわなかった。

水原さんは、どんなときでもいやな顔ひとつせず黙々とマウンドに立っていたこのエースにきょうもすべてを託していたのだった。

代えるつもりは、なかったのである。

大物ワンちゃん

試合はタイガースに二点差をつけられたまま七回にはいった。

なんとかしなくては……、という焦《あせ》りがいけなかったのだろう。この回の打席は、小山さんの絶妙のコントロールで、たちまちカウントを追いこまれ、2―2からぼくは見逃しの三振に倒れた。

五番の坂崎は、バットがよく振れていた。小山さんの速球をねらいすましたようにライト前へきれいに持っていった。五回のホームランにつづく連続ヒットである。

両手首を腰に当てた独得のスタイルで、坂崎はファーストを駆け抜けた。カクテル光線の下で、チラッと白い歯が光った。

つぎのバッターは、王だった。

この年の宮崎キャンプで、ぼくはこのワンちゃんと一週間、同じ部屋に寝起きしたことがある。

イビキのすごいのには、ちょっぴり参ったが、それよりもたいへんな朝寝坊ぶりには、驚くよりもほほえましくなってしまった。とにかく、いくら「おい、ワンちゃん!」とゆさぶっても、

「すいません。あと五分でいいから寝かしてください」

と、また寝てしまうのだ。

練習開始が刻々とせまっていても、この調子。ルーキーらしく、非常に礼儀正しくて、真っ先に重いボールバッグなども持つのだが、とにかく大物だった。

最初はピッチャーとして入団したが、バッティングがすばらしく、ファーストに転向した。実にきれいなミート打法をしていて、そのくせときおりとてつもない大飛球を放って、そのパンチ力でみんなを驚かせていた。

そのワンちゃんが、いま打席にむかって歩きだした。

この年、ルーキーのワンちゃんは、開幕戦からずーっとヒットがでなかった。二十四打

席ノーヒット。しかし、国鉄戦で村田元一投手から初ヒットを打ち、以来じりじりと大物の片鱗《へんりん》を見せ始めていた。初ヒットがホームラン、というのも、いかにもワンちゃんらしいところだった。

ワンちゃんは、バットを構えた。

この試合までに彼が打ちこんだホームランは三本。その三本とも、たしかボール・カウント2—0と追いこまれたあとに出ている。

ぼくは、ベンチでじっと小山さんとワンちゃんとを見くらべた。

カウント2—2。

小山さんが、渾身《こんしん》の力をこめて投げこんだスライダーだった。

あっと思った瞬間、ワンちゃんは横なぐりのようにバットを振った。すばらしいスイングだった。

打球はキラッとカクテル光線を反射して、吸いこまれるようにライト・スタンドへ飛んでいった。

同点2ラン——。

試合は、ふたたびふりだしに戻った。

追いつ追われつのすさまじいデッドヒートに、スタンドのファンは、だれひとり帰り支《じ》度《たく》しようとはしない。

ザトペック村山

ふりだしに戻った七回から、タイガースは村山実にリリーフさせた。この年、関大からはいったばかりのルーキーである。

のちに〝ザトペック投法〟と呼ばれるようになった彼の、汗を飛ばしながら投げこんでくるダイナミックなピッチングは、このころから話題になっていた。

ウォーム・アップから、いきなり全力投球である。ブルペンですでにかなり肩をつくってきていたのか、ユニホームにしみだした汗が、黒いダンダラ模様を描きだしていた。顔いちめん、ギラギラと汗に濡れ、帽子のヒサシには白い塩のようなものがこびりついている。

村山は、東京六大学に対して、というより長嶋茂雄という男に対して、執念のようなものを抱いていた。

これも、あとで村山が語った新聞記事で知ったのだが、高校を卒業したころ、彼が進学を希望したのは、ぼくのいる立大だったという。

ところが、ある立大ＯＢに、

「お前みたいな体の小さいピッチャーは、立教ではダメ。推薦はできない」

と断られ、やむなく関西六大学リーグの雄・関大に入学した。

大学選手権で力投したのも、おそらくこのときの執念がテコになっている。ぼくが立大から巨人にはいったあと、彼は当時の宇野代表に、強く巨人へ誘われた。

しかし、村山はあえてライバル・チームの阪神を選んだ。このぼくと対決するチームにはいることしか、彼の眼中にはなかったのだった。

それだけに、この天覧試合という最高の舞台に、村山がどんな気持ちでリリーフのマウンドにたったか、想像するにあまりある。

いよいよ、運命の九回裏がきた。

試合はいぜんとして四対四のタイ・スコアのままだった。

たぶん、この打席がぼくにとって最後のチャンスとなるはずだった。この回、ぼくの打順はトップ。もしここで点をとれなければ、延長にもつれこんで、ぼくの打席がもう一度まわってくるまでに決着がついてしまうだろう。

ぼくは、大きく息を吸いこみ、大またでボックスにむかった。

村山は連投のマウンドだった。

前夜の試合でも、リリーフにたって四イニングをぴしゃりと押えた。この間、巨人打線から奪った三振は七個。しかも、そのうち五個は連続三振という放れワザをやってのけた。

ぼくはこのとき、村山のすさまじい気迫に押されて、ピッチャーゴロと三振に片づけられた。

ぼくは、もう一度ふかぶかと息を吸いこんだ。下腹に力をいれ、マウンドの村山を見た。ギラギラと目が光っている。疲れのせいか、その目の下に黒い隈《くま》ができているのが、いっそう村山を悲壮にみせた。

第一球は、ボールだった。

ホームプレートにかぶさるように近々と構えていたぼくは、きわどいところでこれを見送った。

二球目――。

「うっ！」

という独得のうなり声とともに投げこんできたその二球目は、ぐぐっと大きく落ちるフォーク・ボールだった。前夜、ぼくが引っかかったのは、この魔球である。手がでない。

「ストライク」

球審が高々と右手をあげた。

三球目――。

すばらしくスピードの乗ったストレートがきた。待ち構えていたぼくは、体ごと叩きつけるようにして振った。が、ホップする速球にわずかに狙いがはずれた。ファウル。

さらにもう一球、ボールがきて、カウントは2―2となった。

いよいよ、である。

次の五球目こそ、最後の勝負だった。村山は、この場で逃げを打つような男ではない。かならず強気で攻めてくる。

それが、プロフェッショナルのプライドというものである。

ぼくは、打席をはずした。

力と力。男と男の真っこうからのぶつかりあいだった。ぼくは指二本分だけバットを短く持ち直した。

村山よ、真っこうから投げこんでこい、オレも真っこうから打っていこうじゃないか……。

カウント2―2からの、その最後の一球を、村山はしっかりと右手に握った。

モーションをおこす。

グローブがぐいと頭の上にあがった。左足が勢いよく引きあげられ、同時に、ボールをつかんだ右腕がしなった。
村山は投げた――。

ボール半個分の狂い

つぎの瞬間――。

ぼくが覚えているのは、その運命の五球目がインコースの高目にきたストレートだった、ということだけだ。

マウンドの村山は、反射的にニタッと笑ったそうだ。長い投手生活で、負けて笑ったのは、この瞬間が最初で最後だったという。

村山のねらいは、ぼくにファウルさせることだった。この五球目にシュートを投げてファウルさせたあと、六球目はフォーク・ボールで三振にとる――。これが村山の考えだったという。

が、その五球目はシュートがうまくかからずストレートとなってインコースにはいった。あと、ボール半個分でもインコースに寄っていたら、たしかに彼がねらった通り、ぼくの打球はレフト線を切れるファウルになっていたかもしれない。

２－２からの５球目、内角ストレートはレフトスタンドに飛び込んだ（昭和34年、天覧試合のサヨナラ・ホームラン）

ボール半個分の微妙な狂いが、あの一球の明暗をくっきりと染めわけたのだった。

ぼくは見た。

打球がすさまじいライナーとなってレフトのポールぎわへ飛んでいくのを……。

駆けだした。

レフトの富沢線審が手をぐるぐるまわした。

それをチラッと見て、ぼくはさらに駆けた。宙を飛ぶようだった。

決勝のサヨナラ・ホームラン――。

スコアボードの大時計の針は、九時十分をさしていた。

ぼくは大歓声のなかを駆けた。一塁ベースをまわるとき、水原さんが見えた。

たとえ日本シリーズで劇的な一発が出ようと、むしろ冷ややかにみえるほど静かなポーズを崩さなかったあの水原さんが、両足をそろえて、まるで子供のように飛びはねているのだった。

ぼくは、ダッシュをかけながら笑った。笑って三塁ベースを蹴り、ベンチの前に出迎えるチームメートたちの輪のなかに飛びこんだ。

そのあと、ぼくははじめてロイヤルボックスを見あげた。明るく輝くボックスにおぼろげな人影が見える。陛下のお姿はさだかではなかったが、ぼくはまた小刻みに足が震えてくるのを感じていた。

今度は緊張感からではなかった。力の限りたたかったあとの、なんともいえない爽やかな充実感だった。ぼくは幸せだった。

プロの心意気

天覧試合には、後日談がある。

ぼくが村山からプロ入り初の決勝のサヨナラ・ホーマーを打った七年後の四十一年十一月六日に、二度目の天覧試合が行われた。ところも同じ後楽園球場。ドジャースとの親善試合のときだった。

ぼくはこのときも、フォスター投手からレフトへ先制ホーマーを飛ばしたが、これはたまたま、当時の宮沢コミッショナーが、七年前のぼくのサヨナラ・ホーマーのことを陛下にご説明している最中のことだったという。

陛下がご覧になっている試合でのぼくの成績は、八打数六安打の三ホーマー。自分でも不思議なくらいよく打っている。

四十年には、常陸宮ご夫妻がお見えになったさいにもサヨナラ安打を放っているし、四十五年、浩宮さまが見えたロッテとの日本シリーズ第三戦でも、二本のホームランをたたきこんだ。おまけに、このときの二本目は、延長十一回からの決勝2ラン。もうひとつ、おまけは打った相手がかつて最初の天覧試合ではじめてのホームランを浴びせた、あの小山さんだったことだ。

因縁の糸はまだからんでいる。あの三十四年六月二十五日のホームランは、実はワンちゃんとのアベック・ホーマーの記念すべき第一号だった。

あれから十四年後の九月九日、川崎球場での大洋戦で、アベック百号の記録をつくった。ワンちゃんとの二人三脚は、あの日から始まったと思うと、感無量だ。

あのとき、マウンドの上でついニタッと笑ったという村山にも、ぼくは強烈な思い出がある。

「かならず、長嶋さんからとらせてもらいまっさ」

と、彼はプロ入り通算千五百三振と二千三振奪取の相手に、このぼくを〝指名〟してきたのだ。前もって予告しておいてガンとぶつかってくるところが、いかにも村山らしいところだった。

むろん、ぼくはこの挑戦をうけてたった。

が、あの独得のフォーク・ボール攻めにあって、ついに彼の予告通り血祭りにあげられ

宿命のライバル・江夏投手から本塁打を放つ（昭和49年）

てしまった。

江夏（豊＝元阪神）や星野（仙一）らもそうだが、勝負の世界に生きる男には強烈な意地がないとつとまらない。正々堂々とわたりあう。それがプロフェッショナルの心意気というものだろう。

村山は、たとえオールスター戦で、〝友軍〟としてぼくといっしょのベンチにはいっていても、いつも怒ったような顔をして、決して気やすく口をきいてはくれなかった。

ユニホームを脱いで、テレビの解説者として活躍しているいまは、別人のようににこやかに話をするようになったが、現役のころはそうじゃなかった。ひとたびユニホームを着たら、彼にはギラギラした闘志をぶつける相手としか映らなかったのだろう。

現役最後のマウンドとなった四十七年十月七日のゲーム。あれは甲子園での阪神・巨人最終戦だったが、村山はワンちゃんに一発くったあとも屈せず、このぼくにぐいぐいとストレートばかり投げてきた。

ぼくはこの年二十六本目のホームランを打ったのだが、最後の最後まで勝負してきた村山の心意気に、打ちながら胸が熱くなった。

村山は、あのときから十三年たっても、なお執念を捨てなかったのである。

二人のエース

プロ入り二年目のその年。ぼくはもう一人の好敵手を迎えることになる。

かつて、喜びも悲しみもわけあった親友・杉浦忠との対決である。巨人と南海とにタモトをわかった瞬間から、ぼくたちはチャンピオン・フラッグをかけてぶつかる運命にあった。

ぼくが立大の最上級生だったころ、巨人にはいる決意を、だれよりも先に打ち明けたチームメートは、このスギだった。

消灯後の真っくらな合宿で、ぼくは小声でスギを呼んだ。一階の応接室へスギを連れていった。

「なんや？」

けげんな顔をするスギに……といっても、真っくらでろくに顔も見えなかったが、ぼくは、ひとことだけいった。

「オレ、巨人へいくよ。きめたよ」

スギは、

「そうかい」

と、これまたぼくより短い返事をした。

ぼくたちに、余計な会話は必要なかったのだ。お互いの表情で、なにを考えているかはわかっていた。もっとも、スギは合宿きってのポーカーフェースだったが、それでもぼくには彼の気持ちはちょっとした仕草で読みとれた。

この三十四年の日本シリーズには、鶴岡監督の悲願がこめられていた。鶴岡さんは、これまで日本シリーズで巨人と四たび戦って、四度とも涙をのんでいたからだ。

五度目の対決で、これまでの屈辱を晴らすかどうかは、スギの右腕ひとつにかかっていた。

スギのこの年の働きは、まるでスーパーマンだった。勝って勝って勝ちまくって、実に三十八勝四敗四分け。奪った三振は、三百三十六個にも達していた。

そのスギとぶつかる。

巨人の四番バッターのプライドにかけても、ぼくは親友のタマを打ち砕かなければならなかった。

第一戦。

南海はもちろんスギの先発である。ところが、水原さんは意表をついてサウスポーの義原をマウンドに送った。

これには事情があった。

エース・藤田さんの肩痛がますますひどくなっていた。そのうえ、ペナント・レースの終盤の中日戦で足に打球をうけ、こころもち足をひきずるような状態だった。

第一戦でぼくは、スギからセンター前に一本ヒットを打ったが、チームは七対十で負けた。

第二戦では、先発の田沢からぼくがいきなりライナーの2ラン・ホーマー。が、五回からリリーフしたスギを打ち崩せないまま、ずるずると連敗してしまった。

ボックスでじっと全神経を集中しているときは忘れているが、ベンチの片隅から見ているとき、ぼくの思いはふっとあのなつかしい立大時代に帰っていくのをどうしようもなかった。

はじめてスギと出会った伊東球場の紅白試合……。あのころオーバーハンドで投げていたスギは、いま地面に体を沈めこむようなアンダースローに変わっている。あのころからスギのタマはおそろしく速かった……。

巨人連敗のあと、舞台は東京に移った。

第三戦は、藤田さんとスギとの息づまるような投げ合いだった。

いつものように物静かなプレートマナーで、スギは淡々と投げていた。が、三連投である。

アンダースローの投手は、腕の振りがどうしても大きくなる。そのため、オーソドックスな投げ方をするほかのピッチャーにくらべたら、疲労度はかなりちがってくるという。スギは……だいじょうぶなのだろうか、と思いかけて、ぼくはハッと自分をとり戻した。

勝負の世界に、同情は禁物だった。

スギが疲れ切っているのなら、むしろ、そこをねらっていかなければならなかった。いったんマウンドに立った以上、スギもプロフェッショナルだ。同情することは、かえってスギの誇りを傷つけることになる。

キャッチャーの野村（克也）の2ラン・ホーマーで先手をとられた七回、ぼくは地を這うように伸びてくるスギのスライダーをとらえた。

「やった！」

バットのシンに当たった手ごたえから考えても、これは会心の一撃だった。

打球はライナーとなって右中間へと伸びていった。

だが、一気にファースト・ベースをまわったぼくの足は、途中で力を失った。どうみても三塁打、と思ったライナーは、するするっとまわりこんだ外野手のグローブのなかにおさまってしまったからだ。

立大の先輩・大沢（啓二＝元日本ハム監督）さんの頭脳的なファイン・プレーである。ぼくの打球方向を統計的に割りだして、あらかじめ右中間に大胆なシフトをとっていたのだった。

九回裏にも、ピンチヒッター・森（祇昌）が左中間へ放ったライナーを、この〝大沢シフト〟にはばまれた。おまけにサードから突っこんだランナーまで、バックホームの好返球でアウトにされた。

三連敗――。

いよいよ、第四戦である。

ふたたび藤田さんとスギが四つに組んだ。

二人ともただ気力だけで投げていた。

いつもは黒光りしている藤田さんの顔は、疲労と責任感のためか、紙のように白っぽい。

四連投のスギはちょっと見ると相変わらず淡々としているようだが、メガネを押しあげる手もとに力はなかった。

またしても南海に先手をとられた六回。

デッドボールで出た藤田さんは、よろめくようにして二塁へ盗塁を敢行した。マウンドのスギは、メガネを押えるような仕草をして、泥をはらう藤田さんを見た。しみいるような目だった。このとき、スギの右手も血がにじんでいた。四連投のピッチングで、マメが破れたのである。

ぼくには、死闘を続ける二人のエースの胸のうちが、痛いほどわかった。倒れるまで、二人は戦い続けるだろう。それが男の世界の掟《おきて》だった。

試合は負けた。

ぼくたちにとっては、屈辱的なストレート負け、四連敗だった。

が、試合のあとの表彰式で、ぼくは水原さんがパチパチと拍手するのを聞いた。それは疲れきったスギが、重い足どりで最高殊勲選手賞のトロフィーを受けとったときだった。列のなかで、ぼくも音を殺して拍手を送った。全力をだしつくした親友と、もう一人はやはり最後までたたかい抜いた藤田さんへの拍手である。

スギの右腕が、動脈閉塞という病名で切開手術しなければならなくなったのは、それから六年後のことだった。

哲のカーテン

二年連続して首位打者のタイトルをとった翌三十六年のシーズンは、いま思いだしてもくやしい。あの怪童といわれた西鉄の中西（太）さんが四度挑戦して、四度とも、もうひと息というところで逃してしまった三冠王（首位打者、ホームラン王、打点王）のチャンスだったのである。

二シーズン時代の昭和十三年に〝班長〟こと中島治康（元巨人監督）さんが春、秋通算でこの夢のタイトルをとっているが、今のような一シーズン制になってからは、だれ一人いなかった。

この三十六年のシーズン、夏場にさしかかった時期に、ぼくが三部門ともトップに立ったことがある。

ホームランだけは、大洋のスラッガー・桑田（武）と追いつ追われつだったが、あとはかなりリードを保っていた。

だが、ちょっとでも色気をだすと、チャンスの神様はソッポを向いてしまうものらしく、九月にはいったとたん、みるみるヒットがでなくなり、自然に打点も減ってきた。

ほかのチームの敬遠作戦も激しかった。

あまりストライクを投げてくれないので、阪神戦では伊奈の0―3から頭のあたりにきたクソボールを引っぱたいてやったこともあった。

敬遠とばかり決めこんでいたサードの三宅さんが、横っとびにとろうとしたが、打球はレフト線を軽く抜いて二塁打になった。

「なんて奴や」

三宅さんが、あきれたような顔をしたものである。

しかし、この年ぼくは八打点差で、桑田を追い抜けず、またまた二冠王に終わった。

巨人は変わりつつあった。

川上さんが監督となったこの年の宮崎キャンプは、これまでのプロ野球でも類を見ないといわれたすさまじい練習をやった。ぼくたちは分刻《ふんきざ》みでぎっしりとつまった練習のスケジュールをこなした。

ピッチャーの投げこみ、バット・スイング……、グラウンドのあちこちにおかれた目覚し時計のハリに追いたてられながら、みんな夢中でがんばった。

哲のカーテン——。

あまりの厳しさに、マスコミはそう書きたてたが、川上さんはそういう評判には耳も貸さなかった。

補助グラウンドで走って、汗をふきふきバッティング・ケージに戻ってくると、いつも川上さんがいた。一段高い脚立《きゃたつ》にどっしりと腰をかけ、選手の動きから目を放さなかった。くらくらしそうな南国の日ざしの下で、川上さんはじっと動かなかった。

そのころ、ぼくは新聞社の人からアンケートを求められた。

「ペナント・レースに対して思っていることは？」

という質問だった。

たいていの選手は「チームを優勝へ導くためにベストをつくしたい」と、当たりさわりのない答えをしたらしいが、ぼくはちょっとちがっていた。

「オヤジを男にするため、がんばりますよ」

と、答えたのである。

川上さんにゴマをすってそんなことをいったわけではない。ナニワ節といわれようが、ウソいつわりのない真っすぐなぼくの気持ちだった。

マスコミにいろいろと書きたてられながらも、こうと思ったらわき目もふらずに実行する川上さん。妥協を知らないこの人の無骨《ぶこつ》さが、ぼくは好きだった。

この年、中日の新鋭・権藤（博）の大きく割れるカーブと、伸びのある快速球に悩まされながらも、ぼくらは川上さんのもと、ひとかたまりの戦う集団となってペナント・レースを切り抜け、南海との日本シリーズも勝った。

三冠王を逸す

骨身をけずる、とよくいうが、三十八年のバットマン・レースでは、骨をけずるどころか、もうすこしで折れるところまでいってしまった。

またまた三冠王の可能性が濃くなった大詰めの九月七日、ぼくは阪神のバッキー投手に、手痛い死球をくらったのである。

立大時代に突き指した右手のクスリ指だった。激痛をこらえて立ちあがり、ひょいとみると、手のひらにまで真っ赤な血があふれていた。

ワンちゃんの差しだすタオルを巻きつけたが、その白いタオルもみるみるうちに赤く染まっていった。骨は折れなかったが、指の内側がバッキーのシュートを受けたショックで、タテに裂けていた。

「だいじょうぶか?」

三塁コーチス・ボックスにいた川上監督もすっ飛んできた。

痛みよりも、当分ゲームに出られないことのほうがつらかった。

このころ、チームは激しく中日と競《せ》りあっていた。大事な時期に休むのはつらい。

しかし、キズ口に肉が盛りあがってくるまでに一週間はかかった。

涙をのんでぼくが休んだ五試合のあいだ、首位・中日との差は四ゲームに開いていた。いても立ってもいられない。

この年、せっかく箱根に山ごもりしたのに、奇妙に故障につきまとわれた。

六月末には浜松の広島戦で腰を痛め、三日三晩ほとんど寝ないで治療にあたった。七月末のオールスター戦では、打球をつかもうとして右肩を強く打った。三試合を手首だけのスローイングでがんばったが、八月末には寝冷えから下痢をおこし、五日間ろくにメシもくえなかった。このときは雨のため三試合が流れ、

「ことしはツイてるぞ」

と、思っていた矢先の死球だった。

残り二十五試合。バットマン・レースのほうも最後の直線コースにかかっていた。この時点で、ぼくは食いさがる古葉（竹識＝元広島監督）に一分五厘差をつけて打率トップ。ホームラン部門だけはワンちゃんに二本差をつけられていたが、打点は逆に八打点リードしてトップに立っていた。

ところが、十一試合を残した九月二十七日になって、ワンちゃんが、広島との二連戦で三ホーマー。いったんホームランでトップに立っていたぼくはたちまち一本差をつけられ、打率の面でも古葉の追込みでシリに火がついたようになってきた。

実にきわどい競りあいだった。十月はじめの広島戦を思い返しただけでもゾッとしてくる。

十月四日、わずか七厘差で古葉を押えていたぼくは、翌五日のゲームで四打数一安打。古葉は四打数二安打で、その差が四厘差に縮まった。

つづく六日のゲームは、ぼくが三打数ノーヒット。古葉はぼくの目の前でヒットを二本打ち、途中まで三打数二安打。計算すると、二毛差でぼくは二位に追い落とされていたことになる。しかし、このときの四打席目を古葉が凡退したため、ぼくが五毛差ながらトップを取り戻した。たとえゲーム途中とはいえ、正味十分間は抜かれていたわけだ。

「〝毛〟の争いなら任せといてよ。なにしろぼくは胸毛には自信があるから……」

なんて、苦しい冗談をとばしていたが、どっこい毎朝の新聞を見ては、まっさきに打撃三十傑の成績表にかじりついていたのだから世話はない。

もし、あそこでバッキーに死球をぶっつけられていなかったらどうだったろうか、とよく聞かれるが、そういう仮定はぼくはいっさい頭から追い払うことにしている。

水原さんお得意のセリフではないが、

「〝たら〟は北海道……」

なのである。

あそこでなになにをしていたら……という仮定は、こと勝負の世界では考えること自体ムダなのだ。

O《オー》との首位打者争い

もっと激烈だったのは、四十三年の首位打者争いだ。

このシーズンは、徹底して左手首を鍛えたせいか、自分でも信じられないくらい打球がよく飛んだ。六月中旬にはもう二十三本もホームランを打っていた。

好機に凡退し、バットを叩きつけ全身で悔しさをあらわす

これは開幕以来四十七試合目のことで、ヤンキースのホームラン王マリスよりも速いペースだった。

十月にはいってすぐのサンケイ戦では、とうとう自己最高の三十八号が飛びだした。もう三十センチ低かったら、右中間のフェンスにぶつかるようなライナーのホームランで、ぼくは首をかしげながらベースを一周したものである。

もっとも、ホームランではもうワンちゃんに歯がたたない。このとき、すでにワンちゃんは四十四本をマークしていた。

ホームランは歯がたたなくても、打率争いではぼくも多少のキャリアがある。ましてワンちゃんは、過去三回いずれも惜しいところでこの首位打者のタイトルを逃がしていて、まだ一度もズシッとくるあのリーディング・ヒッター賞のトロフィーを手にしたことがなかった。ぼくはこの年まで五回、トロフィーをいただいている。

九月にはいったとき、ぼくはワンちゃんに三毛差をつけていた。

またしても〝毛〟の争いである。

九月四日　①王　＝三割三分三厘　②長嶋＝三割三分二厘
九月五日　①長嶋＝三割三分三厘　②王　＝三割三分〇厘
九月七日　①王　＝三割三分三厘　②長嶋＝三割三分二厘
九月八日　①長嶋＝三割三分二厘　②王　＝三割二分八厘

ひと試合おきにトップが交代、抜きつ抜かれつのツナ渡りである。

ぼくは休みの日でも多摩川の雨天練習場へいっては、夢中でバットを振った。やるだけのことをやって、あとはもう運を天にまかせて、神サマのジャッジを待つだけだ。

ときどきワンちゃんをロッカールームで見かけて、あまりにもホオがこけているのに驚いた。おそらく、毎晩まんじりともしないで考えこみ、フラフラになるまでバットの素振りをしているのだろう。ぼくにも覚えのあることだった。

しかし、負けてはいられない。ワンちゃんから見たぼくも、やっぱり同じようにホオがやせこけて、目だけを異様に光らせていたにちがいない。

ペナント・レースもあと七試合しか残っていない十月八日の朝まで、ぼくはこのワンちゃんをわずか七毛差に追いつめていた。ヒット一本打てば引っくりかえせる差だった。八日は広島とのダブル・ヘッダー。連勝すれば優勝もきまるという大事なゲームだった。ところが、このドタン場でワンちゃんはすごい放れワザをやってのけた。ぼくの目の前で打って打って打ちまくったのだ。

まず第一試合では、三打席連続ホーマーの五打数四安打。第二試合でも二打数一安打と、あわせて七打数五安打というカタメ打ちである。

「ワンちゃん、すげえ！」

負けおしみではなく、不思議に、ぼくには口惜《くや》しさはなかった。

ガッカリするよりも前に、文字通りの猛打にあきれた。

あとで聞いた話だが、この日のダブル・ヘッダーが始まる前日、ワンちゃんは休みの多摩川へ出かけていき、血マメをつくりながらも三百本の打ちこみをやったという。

ぼくはワンちゃんの執念に一日で大きく水をあけられてしまった。

ある物好きの計算によると、この年、ぼくはあと十三個の四球をえらんでいたら首位打者と打点の二冠王になっているはずだったそうだ。打数が十三へると、打率は三割二分六厘四毛となり、ワンちゃんを七厘抜く勘定になるのだという。これもまた〝たら〟の話である。

ぼくは負けても悔いはなかった。必死の競りあいは、たしかに苦しく、つらいものだった。が、それはなんともいえない充実感と背中合わせになった苦しみだった。

〝毛〟にシノギをけずる戦いこそ、バットマンの生きがいだった。

第8章　電撃結婚

東京オリンピック

三十九年の秋。

ぼくは腕時計をにらみながら、ホテル・ニューオータニのロビーで待っていた。

「遅いですね、チョーさん」

「うん。どうしたのかなあ？」

むくつけき大男が二人、ロビーの柱の前で時計を眺めながらウロウロしているのだから、お客はさぞびっくりしたことだろう。

しかし、相手が遅刻したのではなく、ぼくたち二人が約束の時刻より二十分も早くきすぎたのだった。

そのころ、シーズンが終わったばかりで、ぼくらはあるスポーツ紙の連載企画で連日オリンピックの会場をとび歩いていた。

「ON五輪を行く」というタイトルだから、開会式から二週間、まずたいていの競技は見てまわった。

後にアメリカン・フットボールの花形プレーヤーとして活躍したボブ・ヘイズのダイナミックな疾走も、ほんの近くから見物したし、女子バレーの決勝やヘーシンクのあざやかな大外刈《おおそとが》りも見た。

なにしろ、二人ともスポーツならなんでも大好きである。体操競技では、朝から延々六時間近くもねばって、担当の記者の人に、

「もういい加減にして切りあげようよ」

と催促されたりした。

水泳、サッカー、フェンシングと見てまわって国立競技場に落ちついた日だった。広いグラウンドの片隅で、せっせと十種競技の棒高跳びをやっているグループを、ワンちゃんが懸命に双眼鏡でのぞいている。

「だれか知り合いでもいるの?」

「ええ。鈴木章介さんといって、日本代表の人なんです」

聞いてみると、その人は荒川コーチと親しく、一度紹介されたことがあるというのだ。ぼくも双眼鏡を借りて、その鈴木選手をカゲながら応援した。

翌年から巨人にはいってきて、ランニング・コーチとしてお世話になる鈴木コーチが、その人である。

こうして毎日楽しくとびまわっているうちに、東京五輪のコンパニオンのお嬢さんたちと、座談会をやろうということになった。

「コンパニオンってのは、選《え》り抜きの美人ばかりなんでしょ？」

「そうらしいね。こりゃワンちゃん、楽しみだねえ」

二人とも独身だから、美人に会えそうだとなったら一も二もない。

「これからこっちへくるのは、コンパニオンのうちでも、飛び切りの美人ですよ」

なんて記者の人がいう。

当時、コンパニオンの本部は帝国ホテルの一階にあった。その本部に、ぼくたちとの座談会のため五、六人のお嬢さんが集まる手はずになっているのだが、連絡の手ちがいで、ひとりだけこのニューオータニへきてしまうことになってしまったのだという。

「西村亜希子《あきこ》さんっていうお嬢さんなんだけど、どうにも連絡がつかないんで、いったんオータニで合流して、それから帝国ホテルのほうへいっしょにまわってくれませんか」

記者は申しわけなさそうにそういったが、こんな手ちがいならこっちも大歓迎。そこでワンちゃんと二人して特別一張羅《いっちょうら》のスーツを着こみ、いまかいまかと、ホテルのロビーでソワソワと待っていたわけである。

忘れもしない十月十七日の昼さがり。いまぼくの女房になっている亜希子と、この日、はじめて出会ったのだった。

ストレートボール

約束の時刻は午後三時だった。

「チョーさん、まだ、五分もありますよ」

と、ワンちゃんが時計を見て、売店にタバコを買いにいった。しかしぼくはその場を動かずにじっと待っていた。まるでバッターボックスで構えているような感じだったかもしれない。

そのとき——。

黒いスーツを着た女性がひとり、タクシーをおりてこっちへやってくるのが見えた。前もって写真をみていたわけでもないのに、

「この人だな！」

と、ピーンときた。

打席で待ちかまえていて、真っすぐにストレートが投げこまれたような感じだった。

しかし、その女性はぼくの顔をチラッと見ただけで目の前を通りすぎ、ロビーの真ん中で人待ち顔をしてあたりを見まわしているではないか。

ぼくはこれでもプロ野球では、すこしは顔が売れていたほうで、野球にあまり関心のないオバさま族にも、

「あっ、長嶋だわ」

と、たいてい振り返られたものだった。

それなのにあのお嬢さんは、まったくぼくを無視してスイスイと通りすぎていった。どうもここでぼくたちと待ち合わせることになっていたコンパニオンじゃないらしい。

ちょっぴりガッカリしていると、記者の人がそのお嬢さんのそばへいって、なにやら耳打ちし、やがて二人でそろってぼくのところへやってきた。

「この方が西村亜希子さん……」

記者の紹介で、彼女はアラッというような顔をして、

「やっぱり、長嶋さんでしたの。どうもそうじゃないかなと思ってたんですけど……」

「野球のことは、あまりご存知ないんですか？」

ぼくは堅くなって、よそいきの口調でいった。

「はい。こちらへ帰ってきて、一度ナイト・ゲームを見ただけで……。あのう、長嶋さんがお怪我《けが》なさって途中でグラウンドから引きあげられたゲームですの。ユニホームのときと感じがあまりちがうので、どうも失礼いたしました」

「いえいえ、もう……」

ぼくはもうシドロモドロである。

すこし時間がある、というので、みんなでロビーの左側にある〝アゼリア〟というティールームでおしゃべりすることになった。

オリンピックのコンパニオンというのは、いうならばエリート中のエリート。オリンピックのいろんなセレモニーのたびに、外国の元首や大臣、競技団体の役員などにつきそって通訳はもとより、スケジュールの調整や、関係者との交渉をするのが仕事。メンバーには池田元首相令嬢とか、有名な外交官や一流商社の社長令嬢が大勢いた。

大和撫子《やまとなでしこ》の代表選手を相手にしているようなものだから、たいがいのことにはおどろかないぼくも、コチコチに緊張している。

「あのう、いまはどういう関係を担当されてるんですか？」

「はい。モロッコのベンジェロームさんという方のお世話してますの。ＩＯＣの役員さんですけど、英語があまりおできにならないものですから……」

「すると、フランス語で？」

「ええ」

相手はケロッとしているけれど、英語一つでさえ片ことでやっとという当方にとってはい、い、いおどろきである。英、仏、スペイン語の三ヵ国語はペラペラ、と記者の人が教えてくれた。日本語を入れると四ヵ国語をしゃべれるわけで、こっちはますますコチコチになった。

しかし、彼女のほうはごく素直なものだ。

「オリンピックの会場には、色とりどりのバッジをいっぱい洋服につけてる人がいますね。ほら、交換したバッジを……」

「ええ」

「西村さんは、どうしてああいうのをつけてないんです？」

ワンちゃんの〝取材〟は熱心だったが、彼女はいたずらっぽく笑って、ひょいとスーツのエリを裏返して見せた。表側からは見えないが、そこには五、六個のかわいいバッジがくっついているのだった。

「規則で一つしかつけられないんですけど、私たちだって若いんですもの。こうやってこっそり……」

四ヵ国語をあやつるのだから、どんなすごいインテリかと内心おそれをなしていたが、話してみると素直でいたずらっぽい、ふつうのお嬢さんだった。ぼくは急に気が楽になって、自分でもびっくりするくらい舌の回転がなめらかになった。

どうも聞いてみると、彼女が見たたった一回のナイターというのは、この年の七月の広島戦だった。竜（憲行）投手の死球を右手親指にうけて退場したゲームである。よりによってそんなところを見せてしまって、なんだか申しわけない。

「それで、野球はお好きですか？」

好きなら、来年のペナント・レースにでも招待しようと思って聞いたら、

「そうねえ。弟は大好きみたいだけど、私はどうも、あんまり……」

という意外な返事だった。これでは、ホテルのロビーに立っていたぼくの顔を知らなかったのもムリはない。ぼくがプロ野球の長嶋茂雄だというので接近してくる女性ファンとは、まったくタイプがちがっていた。

野球に感謝

帝国ホテルでの座談会で、彼女の仲間たちとおしゃべりしたあと、みんなで食事にいこうということになった。

場所は東京タワーのすぐ下の〝九竜園〟という中華料理屋。

ワイワイガヤガヤと食事をすませて、さてお開《ひら》きとなったとき、

「あのう、長嶋さん……」

と、彼女が遠慮がちにぼくのところへ近寄ってきた。

「……実は、弟がちょっと野球をやってまして、きょう長嶋さんにお会いすることをいうと、ぜひ帰りに家までお越しねがえないか、というんです。あのう、弟の頼みを聞いてやっていただけます？」

「はい、はい。お安いご用ですよ。喜んでお邪魔させてもらいます」

この場かぎりでお開きになるのが、なんとなくものたりない思いだったぼくは、二つ返事でＯＫした。たとえ、彼女の家が北海道にあっても、ホイホイとすっとんでいく心境だった。

クルマに彼女を乗せ、いそいそとハンドルをにぎった。

代官山の彼女の家へついたのは、夜九時ごろ。両親にあいさつして、庭先で早くもバットを持ちだしていた彼女の弟とバッティング談義を始めた。

彼女の弟は重広といって、当時は慶大の一年生。野球部にはいって、これからレギュラーになろうという時期だった。

もう時効になったからいいが、こっちは彼女の関心をひくことに夢中になっていて、アマチュア規則なんて頭から忘れてしまっていた。ほんとうは、プロ選手はアドバイスさえしてはいけないことになっているのだが、彼女を前にしてまだボーッとしていた。

「さあ、グリップはこうして……」

と、手とり足とりで重広クンをコーチ(?)した。

もし、この重広クンが野球に関心がなくて、サッカーかなにかやっていたら、ぼくにお呼びはかからなかったはずだ。偶然とはいえ、ぼくは野球が国技みたいになっているこの国に、しんそこから感謝したい気持ちだった。

彼女の両親も、突然とびこんできたスットン狂なぼくを暖かくもてなしてくれた。代官山の家をあとにするとき、ほのぼのとした気分になっていた。

さあ、翌日から彼女のことが気になって仕方がない。

せっかくのオリンピック競技をみていても、黒っぽいコンパニオンの制服を見かけるとハッとして胸が躍るようになってしまった。

「ワンちゃん、双眼鏡貸して……」

「またですか?」

ひったくるようにして双眼鏡を構え、競技そっちのけでコンパニオンの顔ばかりのぞいていた。

「チョーさんは、どっち見てるのかなあ」

と、ワンちゃんもさすがに苦笑するくらい熱心だった。

しかし、会場は十何ヵ所にも散らばっているうえ、コンパニオンの数も多い。その日はとうとうお目当ての彼女の顔を発見できなかった。

そうなると、いっそう会いたくなる。

記者の人を拝《おが》み倒して彼女の自宅の電話番号を調べてもらった。番号を走り書きしたそのメモを、まるで宝物のように、後生大事《ごしょうだいじ》に胸ポケットにしまいこんだ。

彼女の話によると、コンパニオンたちは朝九時には本部の帝国ホテルに集まり、そこでその日のスケジュールを打ち合わせて、会場へ散るといっていた。

そうすると、連絡をとろうと思ったら、朝早く代官山の自宅を出る前につかまえなければダメだ。

そのころ、東京・世田谷区上北沢にあったぼくの家は、お手伝いさんもいなかった。チョンガーで外食が多いから、不自由はないのだが、おかげで家のなかは何週間も掃除しないためホコリだらけ。部屋のあちこちに、食べ残しのカンヅメなどがころがっていて殺風《さっぷう》景《けい》このうえもなかった。

立大のチームメートだった柴田が、あまり不用心なので留守番をしてくれていたが、男ふたりっきりの生活だから気楽なもの。

しかし、早起きするとなると、たいへんだ。

その夜、ぼくは家中の目覚し時計をかき集めてきて枕もとに並べて寝た。彼女のところに電話するには、すくなくとも八時には起きなくちゃならない。

根性に惚れた

目が覚めたときは、まだ外は薄暗かった。

早く起きなくちゃあ……という意識が強すぎたせいか、十年にいっぺんの奇蹟（？）がおきたのだ。

九時までにまだ三時間以上ある。

ここでもう一度フトンにはいってしまうともうダメ。おそらく昼すぎまでコロッと寝てしまうだろう。

「早すぎちゃったな」

と、思いながら庭に出た。長いこと掃除もしていないのでドブがつまって、水があふれている。

時間つぶしにちょうどいいので、スコップを持ちだしてドブさらえをやり始めた。

気配でおきてきた柴田が、

「いったい、なにを始めるんだい？」

と、目を丸くしている。

そりゃそうだろう。未だかつてやったことのないドブさらえをおっ始めたのだから。それだけではまだ時間が余るので、庭木の手入れまでやった。もうちょっと早起きしていたら、世田谷区のドブというドブをさらえていたかもしれない。

待ち切れずに、電話のダイヤルをまわしたのが朝の七時四十五分。いきなりぼくはデートを申しこんだ。

朝っぱらから大まじめにデートの電話をかけてくるぼくのせっかちさに、彼女はびっくりしたと思う。

〝イエス〟の返事をもらって、ぼくは飛びあがり、階段をひとっとびに駆けあがって、洋服ダンスを引っかきまわした。一張羅《いっちょうら》のセビロをだし、あれこれネクタイを選んでいるうち、ぼくはもう一度飛びあがった。

部屋のあちこちに仕掛けておいた目覚し時計が、いっせいに鳴りだしたのである。ストップをかけておくのをすっかり忘れていたのだ。

二度、三度とデートしているうちに、彼女のよさがますますわかってきた。

雙葉《ふたば》学園中学のとき、先輩にすすめられたアメリカ留学をひとりで決断して、ミネソタ州の聖テレサ大学に進んだのだが、ここを卒業するのにふつう四年かかるところを、三年間で単位をぜんぶとってしまった。

かといって、ガリ勉ではなく、ココモにあるカントリー・クラブのプールへは、夏のあいだ毎日のようにいっていたという。

「おこづかいが週五ドルだったの。それを私、すこしずつ貯《た》めてお洋服を買っていたのよ。でも、そういう生活、とっても楽しかったわ」

ただの金持ちのお嬢さんではない。ぼく流にいえば一種の根性にすっかり参ってしまった。中学生のくせに、単身アメリカへ渡っていったあたりが、とくにグッときた。

十月下旬から一週間、チームは甲信地区オープン戦に出る。松本、長野、甲府とまわるスケジュールだった。

大事なときに……、と思ったが、巨人にとってもこのオープン戦は大事である。うしろ髪を引かれる思いで東京をあとにして、汽車に乗った。

松本に着くなり電話だ。

ほかの連中の手前もあるので、そっと帳場にもぐりこんで長距離電話を申しこんだ。朝おきてすぐ帳場へとんでいくし、夕方はグラウンドから帰ってくるとユニホームのまま電話にかじりつく。

「アコちゃん？」

と、そのころは彼女の呼び方も〝亜希子さん〟から〝アコちゃん〟に変わってきている。

「はい」

という声を聞くと、もうそれだけでうれしくなった。特別に用事があって電話しているわけではないから、しゃべることがない。

「……東京にいたいなあ」

といっては、じいっとただ受話器をにぎりしめているだけ。突然とびこんできて、なんにもしゃべらずに〝アコちゃん〟を連呼しているぼくに、さぞ帳場の人たちもあきれたことと思う。

十一月十三日からは九州地区でのオープン戦だった。

「東京にいたい」といっていたぼくに同情したのか、彼女は十八日の午後、飛行機で大分まで飛んできてくれた。

ぼくは、もううれしくてたまらない。

「ゲームだけは見にこないで……」

とはクギを刺しておいたけれど、彼女の姿をスタンドに発見したときは、うれしさでまたまた飛びあがってしまった。

この試合で、ぼくはとてつもない大ホームランまで打った。ぼくとぶつかった西鉄のピッチャーは、なぜ急にぼくがハッスルしだしたのか、首をかしげたにちがいない。

それから一週間後、ぼくは正式にプロポーズした。

はじめてホテルのロビーで出会ってから四十日目。〝ハリケーン・長嶋〟と人は呼んでくれたけれど、われながらいかにも強引な求婚だった。

無作法の魅力

あとでウチの奴から聞いた話だが、デート中のぼくの無作法ぶりにはびっくりしたという。

帝国ホテルやホテル・オークラなどの奥まったバーやティールームでよくデートしたのだが、食事中でもなんでも遠慮なしにゲップを連発し、デザートなんかはガブッと二口ぐらいで平らげてしまうのだから、びっくりしないほうがどうかしている。

スイカを食べるにも、ぼくは前もってスプーンでタネをほじくりだすなんてまわりくどいことはしない。

いきなりガブリ、とスプーンの代わりに自分の歯をもっていく。それでタネごと噛《か》みつき、あとからペッペッとタネをはきだす。

ところが、これがウチの奴に好感をもたれる原因となったらしいのだから、世の中はわからない。飾りっ気がない、というとなんだかヘンだけど、ありのままの自分をさらけだしたことが、ウチの奴のハートを射とめる結果になったのだそうだ。

いよいよ婚約発表という夜、ぼくらは別々にホテルにカンヅメになった。

スクープ合戦に火花をちらしていた新聞社のあいだでは、こんなプライベートなことでもたいへんなことらしく、外部との接触も、この夜だけはなかなか勘弁してもらえなかった。

ぼくとしては、立大の先輩や友人たちにも義理がある。

スクープ記事が活字になった朝、見張り（？）の記者に頼みこんだ。

「もう朝刊はでちゃったんだから、いいんじゃない？」

「…………」

「どうしてもある社の先輩が、談話をくれというんですよ。夕刊に短いコメントが載るだけなんだからいいでしょ？」

「…………」

その記者は、むずかしい顔で考えこんでいる。結局、電灯を消したトイレの中に十分間だけはいって、見てみないふりをしてもらった。

「マスコミのきびしさもプロ野球といっしょなんだなあ」と、ヘンなところで感心したものだ。

しかし、この婚約があまりにも突然だったため、ずいぶんいろんな関係者に迷惑をかけてしまった。

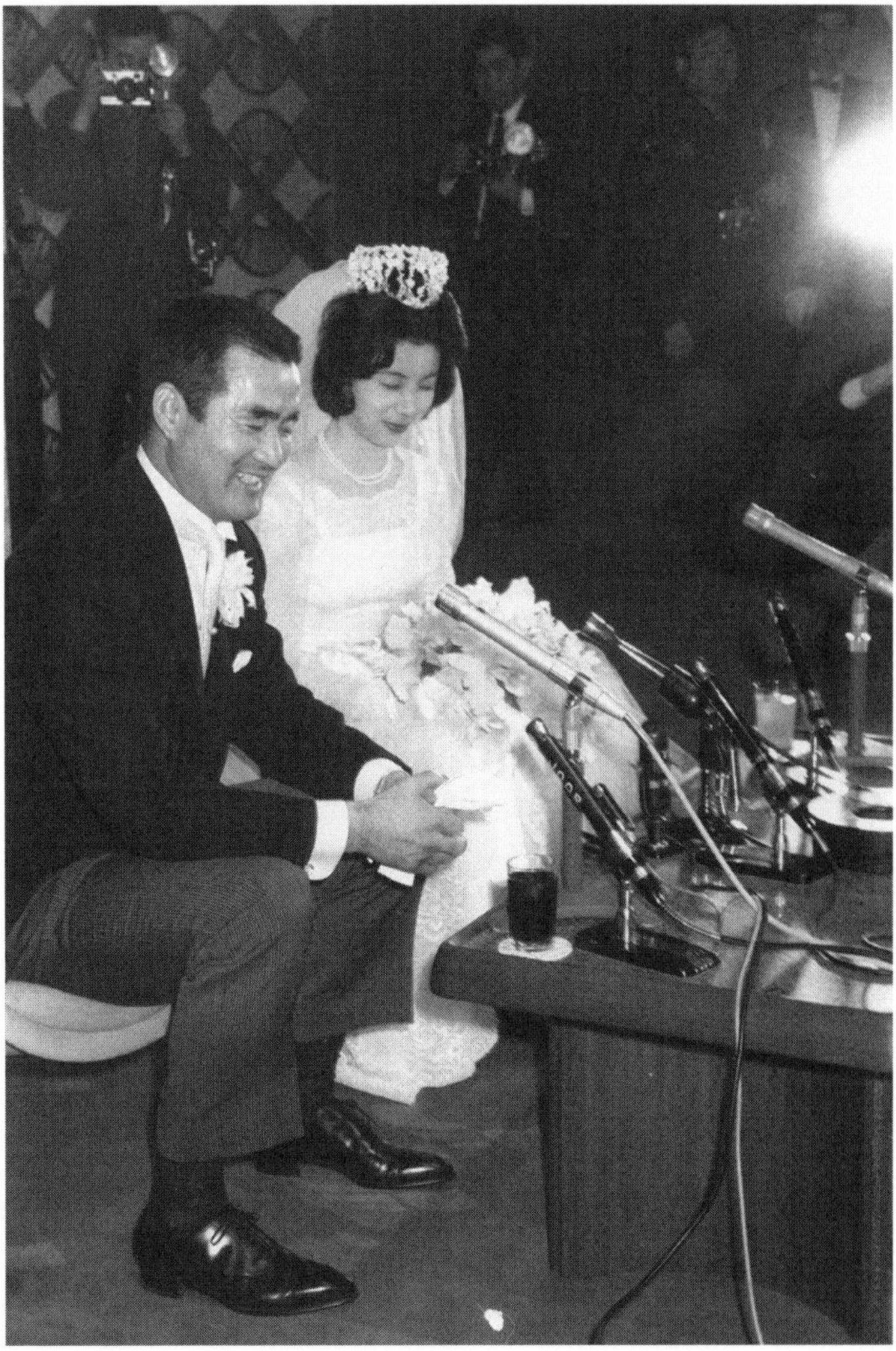

結婚記者会見に臨む

世話女房

婚約して間もなく、ぼくは箱根にこもってこれまで以上に激しくトレーニングに打ちこんだ。渋谷南平台の聖ドミニコ教会で式をあげたのが四十年の一月二十六日。旅行なしのハネムーンだった。

社会的に一人前になった記念と、感謝の意味から挙式のさい、現金で二百万円を読売新聞社を通じ、全国の身心障害児施設へ寄付させていただいた。今でも施設の恵まれない子供たちからうれしい手紙が届く。

結婚するとき、ぼくが女房に注文をつけたのは、たったひとつ。

「男の仕事場に、顔をださんでくれよ」

という、それだけだった。亜希子の性格からいっても、そのつもりはさらさらなかったと思うが、とにかくぼくは仕事場と家庭とに大ナタで断ち割ったような線を思いきって引くことにきめていた。ぼくは古い人間かもしれない。

男がひとたび自分の家を離れたら、妻子のことは考えるべきではない……、なんていうと、いまどき笑われるかもしれない。が、ぼくにとっては本気なのである。

たとえば、球場内の選手サロンに自分の子供や知人などを呼ぶ選手がいる。遠征ともなると、プラットホームに奥さんが出迎えにくる。

それはそれで自然な感情だと思うし、ときにはちょっぴりうらやましいな、と思うこともある。とくに夏休みなど、試合のあと、子供がロッカールームまでパパを迎えにくるのは、ほほえましく、見ていても悪い気持ちはしない。大いに結構だとは思うが、これがどういうわけか、ぼくにはできないし、またしようとも思わないのだ。

何度も繰り返すようだが、アタマの固い否定論者ではなくて、ただ、ぼくの場合は別だということである。しいて、自分で自分にカッキリと線を引かないと、ぼくはどうもダメなのだ。

長男の一茂が生まれたのは、結婚式をあげてからぴったり一年後だった。標準より七百グラム上まわる赤ちゃんだったので、人なみにホイホイ喜んだものだ。

名前も、強、剛、茂、茂之……といろんな案を考えて、最終的に一茂に落ちつくまでにぼくもあれこれ迷った。その一茂がもう小学生。近ごろは野球のおもしろ味がわかってきたらしく、球場についてきたそうなそぶりをすることがある。

それでも、じっと我慢して口にださないのは、たぶん日ごろ、ぼくから、

「見たかったらテレビで見てろよ」

と、厳重にいい渡されているせいなのだろう。

夏休みになって、「○○ちゃんが、どこそこへ避暑にいったよ」とか「きのうはプールへパパといっしょにいったんだって……」と聞かされると、可哀想なような気がする。

男二人、女二人の子供たちに、親子の情愛を暖める時間をつくってやりたいが、しかし、ぼくの商売が、キチンと休みのあるサラリーマンの人たちとはちがうのだから仕方がない。

生活のエネルギー源として、家庭はもちろん大切だと思う。

ほんの二、三時間のヒマがとれたときでも、ぼくは、

「みんなでご飯を食べにいこうか」

とつとめて子供たちにサービスすることにしている。女房もふくめ全員で食事に出かけるのは、一年に二、三回というところだろうか。

ウチの奴もわかっていて、マスコミの人たちには悪いが、夫婦そろっての取材とか、女房だけの写真撮影とかは、いっさい遠慮させてもらっている。

こっちには長いつきあいのマスコミ関係者もいるから、そう毎度毎度すげなく断るわけにもいかない。

「たまにはオレの顔をたてて、ちょっと頼むよ」

と亜希子にいっても、なかなか例外は認めてくれないので参る。

夜と昼とが引っくりかえったような野球選手の女房になって、だいぶ最初のうちはとまどったはずだが、平気な顔をして切り盛りしている。

ぼくはだされたものはなんでもパクパク食べてしまう口だが、ただトーストと冷たいパンだけはニガ手。そういうぼくのため、女房は毎朝、天火《てんぴ》で焼いたホカホカのマフィンやクロワッサンをせっせと〝製造〟している。

六度目の首位打者となった四十六年には、シーズン中ずっと、ぼくが眠るまで疲れきったぼくの足腰をマッサージしてくれた。

ぼくの健康法

夏場に激しく体をうごかすと、どうしても冷たい飲みものがほしくなる。ところが、ぼくはすぐ寝冷えしてゲリをしたり、カゼをひく子供みたいな体質なので、冷たい飲みものは大敵だった。

そこでウチの奴が考えたのが、マホービンに入れた熱い番茶。ときによってはハチミツ入りの紅茶に中身が変わることもあったが、よくロッカールームに吊《つ》るして、練習のあと、グビリと一杯やったものだ。

結婚して三年目の大仁《おおひと》ごもりでは、食事の前に朝ブロにはいった。洗い台をフロの底に沈め、その上にじいっと二十分ほど腰をかける変わった入浴法だった。胃のあたりまでしか入らないのだから、最初からすこしフロの湯を抜けばいいのだが、この姿勢がいちばん心臓に負担がかからないと、人にきいたからである。

でてくるときは、アタマからザアーッと冷水を三、四杯かぶった。

気管支をよくするヨガ体操の一つだというので、首をギッコギッコ左右に曲げる運動もよくやった。シーソーのような板にぴたりと背中をつけ、口をアーンと開いて、前後に屈伸するのだ。

腰によくないときいて、一茂が生まれた年からマージャンもさっぱりとやめた。今では半チャンをせいぜい二、三回。それもほとんどオフのあいだのお遊び程度にとどめている。四十五年のシーズン中にカゼをひいて、ひどい目にあった経験があるので、いっそヘントウセンを切開手術でとってしまおうと思い、医者に相談した。

「とってもいいけど、その代わり年齢的にみて体のほうぼうにガタがきますよ」

と、医者に忠告されてとりやめたが、一日にショート・ホープばかり十本は喫《す》っていたタバコを、このときからピタッとやめた。

喫いかけの箱はもちろん、家に買い置きしていたのも、全部ゴミ箱にほうりこんだ。

歯もガタガタになっている。毎年オフになるとじっくり手入れすることにしているが、奥歯のムシ歯四、五本にかぶせた金冠《きんかん》が、ちょっと常識では考えられないくらいいびつに変形しているそうだ。

「だいたい、ぐっと歯をくいしばったときには、七十キロぐらいの荷重《かじゅう》がかかるといいますからね。長嶋さん、あまり歯をくいしばったプレーをしていると、総入歯にしなきゃいけなくなりますよ」

と、歯医者さんにおどかされた。

疲れが翌日まで尾をひくのは、酸性の食べものを摂《と》っているから、といわれ、自分で栄養学のむずかしい本を買いこんできては女房に渡し、もっぱらアルカリ性の食品をとるようにしたのは、つい五年前のこと。

「肉でもヒレとかロースとかいってたらあかん。なんでもバリバリ食べなきゃ……」

と、カネさんに注意されて以来〝雑食〟に切り換えたり、すこしでも体にいいことならなんでもとり入れてきた。

自宅では、どんなに暑くて寝苦しい夜でもクーラーはつけない。汗をダラダラ流したって死にゃしないが、クーラーで体を冷やすとてきめんに寝冷えする。

ときには明日のことを考えないで、一晩でいいから冷房のきいた部屋で寝てみたい、と思うときもあったが、それはぼくらにはゼイタクというものだ。

食事も昼に重点をおき、球場入りする時間から逆算して、なるだけ夜は軽くした。昼間は肉を中心に野菜や果物をたくさん食べ、夜は消化を考えて魚にした。

もちろん、球場ではなにも口にしない。

ロード・ゲームのときだけは、菓子パン類を詰めこむが、旅館からベンチに運びこまれる弁当はよほどハラペコのときでないと、口にしなかった。

それもこれも、すべていいプレーをしたい、一年でも長く現役でがんばりたい、という強い欲望があるからだった。だから、家族にも自分にも非情に徹し切れたし、プレーに関する以外のことは、なに一つ抵抗なくバッサバッサと切り捨てることができたのだと思う。

ぼくには、スタンドから巻きおこるあの拍手が忘れられない。すこしでもいいプレーをして、数多くの拍手を受けたい——ぼくが思ってきたことは、ただそれだけだった。当たり前のことを当たり前にやってきただけだった。

第9章　ボールの真っしんを叩け

ぼくのストライク・ゾーン

四十年二月。

宮崎から移動して熊本の藤崎台球場でキャンプを張ったとき、大砲みたいなバカでっかい撮影機を運んできたグループがあった。

熊本大学の形態学研究部の沢田教授たちのグループで、大砲みたいなカメラは一秒間に五万コマも撮影できる最新型の超高速カメラだった。

ワンちゃんとぼくとのバッティングを撮影して、いろんな角度から分析してくれたわけだが、そのデータを聞いて、なるほどなあ、と感心した点が一つある。

ワンちゃんはホームプレートの手前五・五九メートルのところへボールがきた瞬間、バッティングの態勢にはいり、ぼくは五・二二メートルで動作をはじめる。つまり、投げたボールをぼくのほうがよく見ていることになるのだが、実際に打つポイントはぼくのほうが二十センチも前なのである。その差は時間にすると、何千分の一秒かのわずかなものだが、ワンちゃんはその分だけ手もとにボールを引きつけているわけだ。

もっと分かりやすくいうと、ワンちゃんは投げた瞬間からパッとストライクとボールとを判断し、ストライクだけを打っているらしい。ぼくは最初から全部のタマを打ちにかかり、途中でボールと見たタマを捨てるタイプ。

どっちがいいとか悪いとかではなく、要するにタイプがちがうのである。

ぼくの場合は、ちょっと考えられないようなクソボールを打っていくことが多かった。三十九年の四月末、中日の河村（保彦）投手からカウント２—３後のアウトコースにはずれる完全なボールを左中間にたたきこんだことがあった。

キツネにつままれたような顔でベンチに戻った河村に、柿本（実）は、

「あいつは化けものじゃけん。あの大根切りにかかっちゃあきらめるよりほかはない」

と、慰《なぐさ》めたそうだ。

四十七年の七月にも、大洋の平松（政次）からカウント１—０後のアゴのあたりにくるアウト・ハイのボールをホームランにしたことがある。完全にボールと思えるタマを打っ

たことは数えきれないくらいだ。

しかし、ぼくにいわせれば、これは大根切りではない。どんな場合でも打つべくして打っていたつもりだ。

「燃える男」と呼ばれたように、好機にしばしば快打を飛ばした

ストライク・ゾーンというのは、ホームプレートの幅十七インチと、バッターのヒザの上からわきの下までのほぼ三フィートの空間をいう。ここにボールをぴったり並べたとすると、七十七個がおさまるそうだ。

ところが、ぼくにはそのときの状況で、このストライク・ゾーンはボール百個をおさめるくらい広くなるし、三十個ぐらいに縮まったりする。

投げるほうにしてみれば完全なボールでも、ぼくから見るとそれはストライクということなのだ。もちろん四、五十センチうしろで見ているアンパイアにも、ベンチの目にも、大きくいえばテレビで見ているファンの目にも完全なボールでも、ぼくにはストライクになる場合があったわけだ。

ヤマをかけて打っていたわけではない。

いまどきどんなピッチャーでも、四、五種類のタマは持っている。そのタマにいちいちヤマをかけていたら、的中する確率はせいぜい二割がいいところだろう。それじゃとても三割は打てない。ぼくの場合は、アウトコースかインコースかに、的をしぼる程度だった。だから、ヤマカンで打っていたわけでもない。

ぼくは、相手の投球動作と同時に、アタマのなかにバッテリー間の距離を改めて刻みこむことにしていた。調子の悪いときは、この距離が半分くらいにみえ、あっという間にボールがくる。アウトコースはよくボールが見えなくなるものだった。

ぼくは打席で構えたとき、相手が投げてくるボールの白い表面ではなく、そのなかに包みこまれているコルクのシンの真ん真ん中をいつもねらった。生きた打球を打つには、この〝真ん中の真ん中〟をつねに打ち抜くつもりでなければむずかしい。

それだけを考えていると、たとえコースが多少はずれていようが自然にバットがでていく。相手がピッチャー一人じゃなく、九人と戦っているのだから、多少アブノーマルであろうが、勝たなくてはならない。ノーマルだったらやられてしまうのだ。

〝鬼神《きしん》もこれを避《さ》く〟、というとオーバーだが、たとえボールに見えるタマでも打ち抜いていくというところが、プロフェッショナルの真髄じゃないかと思う。見せる要素、ファンにうける要素としては、そういう規格はずれのバッティングがあってもいい。

ただ、そうなるためにはイージーな練習をやっていてはダメ。激しい、激しい反復練習があってのみ、こういうアブノーマルな真似もできたのだと思う。

長嶋式打撃術

三割四分四厘で首位打者となった四十一年の夏、ひとりで多摩川へでかけていって打ちこみをやった。

当時、ドジャースからきていたマイヤーズ・コーチにいわれて、うんとアゴを深く引き、視線をマウンドのピッチャーズ・プレートに合わせたことがある。低目の変化球をうんと引きつけて打つためのテクニックで、このときカカトの部分に薄いスポンジを貼りつけた特製のスパイク靴も使ってみた。このスパイク靴を使って踏みだすと、左足がステップ・

アウトしないらしく、大リーガーでも使う人がいるということだった。

ぼくはヘルメットのヒサシをわりに深くかぶるほうだった。

これも自分で考えだした、ヘッド・アップを防ぐテクニックの一つで、あるときは深く、あるときは浅く、その日の相手ピッチャーのタイプ、自分の調子によってヒサシの角度を〝調整〟した。ヒサシが一センチさがると、目も一センチさがり、アゴがやはり一センチ締まる。バットのシンと、ボールのシンとをピタリとどこかで一致させるためには、ヘルメットでさえ味方にしなければならないわけだ。

ヤクルトの安田(猛=元ヤクルトコーチ)やジョーこと城之内(邦雄)は、かなりヘルメットや帽子をアミダにかぶるタイプだが、あれはあれでマウンドの上の緊張感を柔らげて、ピッチングに集中するために、有効なのかもしれないと思う。

〝八時半の男〟といわれた名ファイヤーマン・宮田(征典=元巨人)は、バッターの呼吸を盗む名人だった。

盗む、というと語弊《ごへい》があるが、要するにバッターが呼吸するわずかな肩の動き、胸の筋肉の上下でタイミングをはかり、フッと息を吐きだす瞬間をねらっていた。

宮田には四十四年の日本シリーズの前に、フリー・バッティングに投げてもらったことがある。

ストレート六、カーブ三、シュート一の割合で投げてもらい、百本中二十本ぐらいスタンドに入れた。

この練習のあと、

「なにか気がついたことなかった？」

ときくと、宮田は苦笑して、

「ええ。なんとか外野フライぐらいに止めたくって、息の仕方をみてたんだけど、チョーさんは肺があるんですか、読みにくくってどうしようもないですよ」

お世辞かもしれないから、宮田説は幾分かは割り引く必要があるだろうが、ぼくは現役時代、この呼吸法に注意していたのは事実だ。

緊張してなにかを見つめるさい、よく「息を殺す」という表現を使う。タマを迎える場合は息を殺すより、息をしだいに止めて待つ状態がいいようだ。まったく息をストップしてしまうと、体全体が硬直してしまい、いざバットを振りだすというときに、その息が抜けてしまう。かんじんのミートのさい、最大の爆発力が生みだせないわけだ。

呼吸というのは、下のほうへさがっていくのがほんとうで、ヘソのあたりからしだいに気持ちが沈んでいくような感じがつかめたらＯＫだ。

ボックスで構えているときは、相手のピッチャーのリズムに合わせて、ダンスにたとえるなら、フォックス・トロット、例の「スロー、スロー、クイック」でボールとのタイミングをはかる。

バッティングでいう〝間《ま》〟というのが、二つ目の「スロー」で、しだいに息をとめて待つのもこの「スロー」のときだ。この感じを自分のものにしてしまうと、プレートの近くで変化するいろいろな種類のタマを見分けられるようになってくる。

ぼくのグリップ

ぼくは打つ寸前に、よくじわじわとバットを半回転させてからスイングする。

バットには中ほどのところに楕円形の焼き印が押してあり、このマークの部分で打つと、ポッキリ折れる。

ぼくの場合は、そのマークにまったくお構いなしに半回転させて打っていたのだが、不思議とマークとボールとが正面衝突したことはなかった。

おそらく、ボールのシンをとらえるときの自分の気持ちを、ああやって無意識のうちに準備していたのだろうが、あれだけはわれながら不思議だった。意識してやっていたのなら、とてもああはできない。

バットのにぎりも重要なポイントだ。

このにぎりというのは、自分の体とバットとを一つに結ぶチョウツガイの役目をする。ゆるすぎたり、きつすぎたりすると、それぞれが別の働きをしてしまう。リストが強く、体のバネも申し分ないバッターでも、このチョウツガイがスムーズに働かないことには、宝の持ちぐされのようなもの。

新人のころのグリップと構え

それどころか、大きな力をこのチョウツガイでムリにストップさせると、手首に負担がかかって、けんしょう炎をおこしたり、いろんな故障の原因ともなる。

タマのはなれる瞬間がよく見え、「スロー、スロー、クイック」のリズムもちゃんと正常なのに、体がなんだかこわばったようになったり、ふっと気が抜けたようになるのは、だいたいこのチョウツガイがうまく働いていない場合が多い。

ぼくの場合は、バットをにぎるさい、まず左手の小指にぐっと力を入れる。つぎにクスリ指。あとの三本はただ添えもので、このあと、右手の親指と人さし指でできる三角形でバットを包みこむというか、つまむというか、剣道の竹刀《しない》をにぎったときのようにする。

ぼくは、あまりマメができない体質だったが、だからといって正しいグリップをしていた、というわけでもない。

ちゃんとその人のバッティングに合ったグリップをしていても、バットを短めに持ったり、グリップエンドに引っかけて打ったりしていると、自然にマメができる。要するにタオルをしぼるように、強くもなく、弱くもなくにぎるのがコツ。ただし、体力のない人がグリップエンドいっぱいにバットを持って振りまわすのは、あまり感心できない。

じょうずに忘れる

・089

あれは広島球場の電光掲示板に、

というお恥ずかしい打率が出た四十四年のことだった。

このシーズン、ぼくはカゼにたたられて四月末には、なんと打率一割をさえ割ってしまった。やっと二割台にはいあがったのが開幕から二十七日目。

どうにかこうにか三割手前にこぎつけたのは九月二十六日のことだった。

この日、ぼくは不思議に広島のピッチャーを打って四打数四安打の大当たり。打率も一気に六厘六毛あげ、なんと七十六日ぶりに三割の〝大台〟に乗せた。

担当記者の人たちから、

「チョーさんはこれで三割二毛になったよ」

と、何度も教えられていたのに、ロッカールームのなかのフロにとびこんだとたん、ケロッと忘れてしまった。

「どれくらい上がったの？　きょうの大当たりで……」

と、荒川コーチにきかれて、

「えーっと、とにかく二割じゃないことだけはたしかです」

と、苦しい応答をしたものだった。

なにしろ、人一倍忘れっぽい。

四十六年の五月末、大洋の山下（律夫）から十一号ホーマーを奪い、通算二千本安打にあと二本と迫ったときは、われながらひどかった。

試合前のバッティング練習が終わったとたん、衝動的にザンブと風呂にとびこんでしまい、

「あれっ、オレはなんで風呂なんかへはいっちゃったんだ？」

と自問自答してみんなに大笑いされた。風呂を出て、さてスパイク靴をはこうとすると、片方がどうも足に合わない。

よくよくみると、カカトの裏皮に「18」という背番号がある。いつの間にか堀内（恒夫＝元巨人コーチ）のを片方だけ持ってきてしまったらしいのだが、どうしていつの間にこういうことになったのか、われながら吹きだす始末だった。

タートル・ネックのシャツを前後さかさまに着こんで球場から帰ってきたり、知人に、

「古いスパイクがあったら記念にくれない？」

といわれて、その場で使用中のヤツを渡してしまってあとから大汗かいて追っかけたり、トンチンカンな話は、ぼくには数えきれないくらいある。

もちろん、人に迷惑をかけるような物忘れはよくないが、このちょっとアブノーマルなくらいのぼくの癖は、いわば、自動消去法つきといえるぼく独得の生き方と関連しているような気もする。

ぼくだって打てないときは、なぜ打てなかったのか、帰りのクルマのなかでアタマが痛くなるほど考えた。その日の相手ピッチャーのタマ筋《すじ》、自分の打ち方……すべて組み立てて結論をだしたあと、それじゃここだけは気をつけていこうというところだけ残して、あとはキレイサッパリ忘れることにしていた。

悪いこと、いやなことはどんどんアタマのなかの記憶細胞から追い払ってしまうのである。くよくよ思い悩んだところで、マイナスになるだけで、なんにもならない。

つねにいい方向へ、いい方向へと自分自身を切り換えていくのが、ぼくの哲学だった。消すことがプラスになるから消したわけで、これが一つには精神集中のコツにもつながっていたと思う。

いい結果だけを明日へ、あさってへとつなげていこう——そのことばかり、ぼくは考えていたのだ。

ライバルはいない！

ぼくには、正直なところライバルらしいライバル、真の意味でのライバルは、ひとりもいなかった。

新人のころには森（徹＝当時中日）がいたじゃないか、という人もいるだろう。江藤のシンちゃん（慎一）もある意味ではぼくのライバルだった、といえるかもしれない。だが、それはすべてマスコミが勝手にぼくとからませてくれたことで、ぼく自身の気持ちのなかには、ただの一人としてライバルはいなかったと断言できる。

ぼくには他人のことをどうのこうのと気にしているだけのゆとりがなく、ほんとうに自分のことでせい一杯だった。そういうライバル意識を持つヒマがあったら、それを自分に注入して、自分の技術をみがくことに使った。

たとえば、ぼくはほかの人のように自分のことを書いた新聞記事を切り抜いてスクラップしておく、という趣味はない。スクラップ・ブックというのは、いまだに一冊も家にはない。

スクラップをつくるヒマがあれば、休養して明日のゲームに……と、考えるほうだからだ。必要になったら、新聞社の資料室へとびこめば用は足りる、と考えている。

昔のバッティング・フォームの連続写真というのも、ぼくはろくすっぽ見なかった。意味がないと思っていたからである。

というのは、写真をとられたころと、それを眺めるときとでは、大きなズレができている。気持ちは十七年前とまったく変わらなくても、肉体的な面では一年一年、条件がちがってきている。

ぼくはあの天覧試合のときのバットのにぎりと、村山が投げてきたタマ筋だけは今でもはっきりとアタマに焼きつけているが、もう一度「やれ！」といわれても、あの打ち方はできない。

ただ気分転換の一つとして昔の写真を眺めるのならいいけれど、それを技術の面で参考にしようというのは、意味がない。

野球選手は、いいときの夢を追いたがるもので、〝昔々のお花畑〟しか覚えていないことが多い。現実はお花畑どころか、もう枯れきった地面しか残っていないのに、まだ花が咲いていると錯覚する。

そういう甘えは、ぼくはきらいだ。過去は過去、現在は現在……と、すっぱり自分のなかに線をひくことが大事で、だから、ぼくは昔の写真をだされても身を入れて見るような真似はしなかった。それよりは現在にウェートをおいて、どこかにまだ進歩する余地が残っているのなら、それを研究したいと思っていた。

それよりも、シロウトの人のなにげないひとことで、はっとヒントを摑《つか》むことのほうが多かった。

二年ほど前、親しいカメラマンと雑談していたら、ひょいとこんな話がでた。

「チョーさん、最近は前へでないとうまくファインダーにおさまらなくなったよ」

「えっ？　前へっていうけど、カメラの人は撮《と》る位置がきまっているものなの？」

「そうだよ。このあいだまでは、一塁側のいつもの位置でバッチリはいってたのに、近ごろはダメなんだ。どういうんだろうね？」

そのカメラマンは、別に大きな意味があっていったのではなかっただろうが、ぼくにはこのひとことが大変参考になった。ボックスで構えたときの中心線がズレてしまっていたため、カメラのファインダーからもはみだしていたわけだ。

野球の仕事をしている関係者は、たとえプレーした経験がなくともいつもぼくらの動きをみているので、ちょっと異状があるとすぐに気づくものだ。

部分的な指摘だけではなく、全体のリズムの狂いを発見できる隠れたコーチともいえる。ゲームに夢中でのめりこんでいると、ついついそういう狂いを見逃してしまうもの。忘れては思いだし、思いだしてはまた忘れるという繰り返しが野球のおもしろさでもあり、むずかしさでもあるが、カッカしてわれを忘れているときほど、第三者に素直に意見をきいてみることだ。

毎日毎日ゲームをやっていると、ついダ性に流れて自分に妥協してしまう。妥協は敵。これをハネとばすためにも、聞く耳は二重にも三重にも持つべきだと思う。聞くはいっときのなんとやら、である。

勝負強さ

現役最後のシーズンは、せい一杯がんばったが、通算打率三割六厘六毛という中西（太）さんには、ついに及ばなかった。

何度も書いてきたように、記録に特別こだわりはしないが、やはり、しばらくたてばズシリと目にみえない重さでぼくにのしかかってくるかもしれない。

この三割六厘六毛、というのは右バッターの最高記録だ。

左バッターは、一塁ベースに対して右バッターより歩幅にして一歩半（約一メートル二十）は近い。ファーストまでの全歩幅はふつう十八歩といわれているから、それだけでもかなり有利なわけだ。それに、左バッターがニガ手とする左投手は、両リーグを見わたしても数の上では少ない。

ぼくはときどき、自分が左で打っていたらどのくらいちがうだろうと考えるが、たぶん打率で二分はふえるはずだ。年間のヒットの数は三十本前後ちがってくるんじゃないかと思う。

昭和38年の日本シリーズで最優秀選手賞を獲得

バッティングというのは、もともと右利き、左利きにはあまり関係がない。右利きでも子供のころ左で打っていたら、そのままずっとごく自然に左で通せる。それを考えると、ぼくも中学時代に、スイッチしておいたらなあ、とちょっと残念だ。

しかし、勝負強さというのは、もちろん右左に関係がない。ペナント・レース、オールスター戦、日本シリーズという三つの檜舞台で通算三割以上のアベレージをマークしているのは、プロ野球史上、どうもこのぼくだけらしい。

なぜだかわからないが、ぼくはドタン場に不思議に強い。

四十八年の七月一日には、阪神の上田にあわやノーヒット・ノーランをくうという九回二死、最後のバッターとしてでたぼくは、第一球をセンター前にヒットして、まるでヒーロー扱いをうけた。

昭和40年、日本シリーズで南海をくだし、優勝を飾る

三十五年六月一日の大洋戦でも、あと一人で九連続三振の日本記録をつくられるというドタン場に、左越え二塁打をとばして、鈴木（隆）をガックリさせている。このときのカウントは2―2。もうちょいというきわどい場面が、なぜかよくぼくのところにまわってきた。

野球というゲームには、かならずある一つの流れがある。勝負どころのワン・チャンスをものにしたものが勝ち、ものにできなかっ

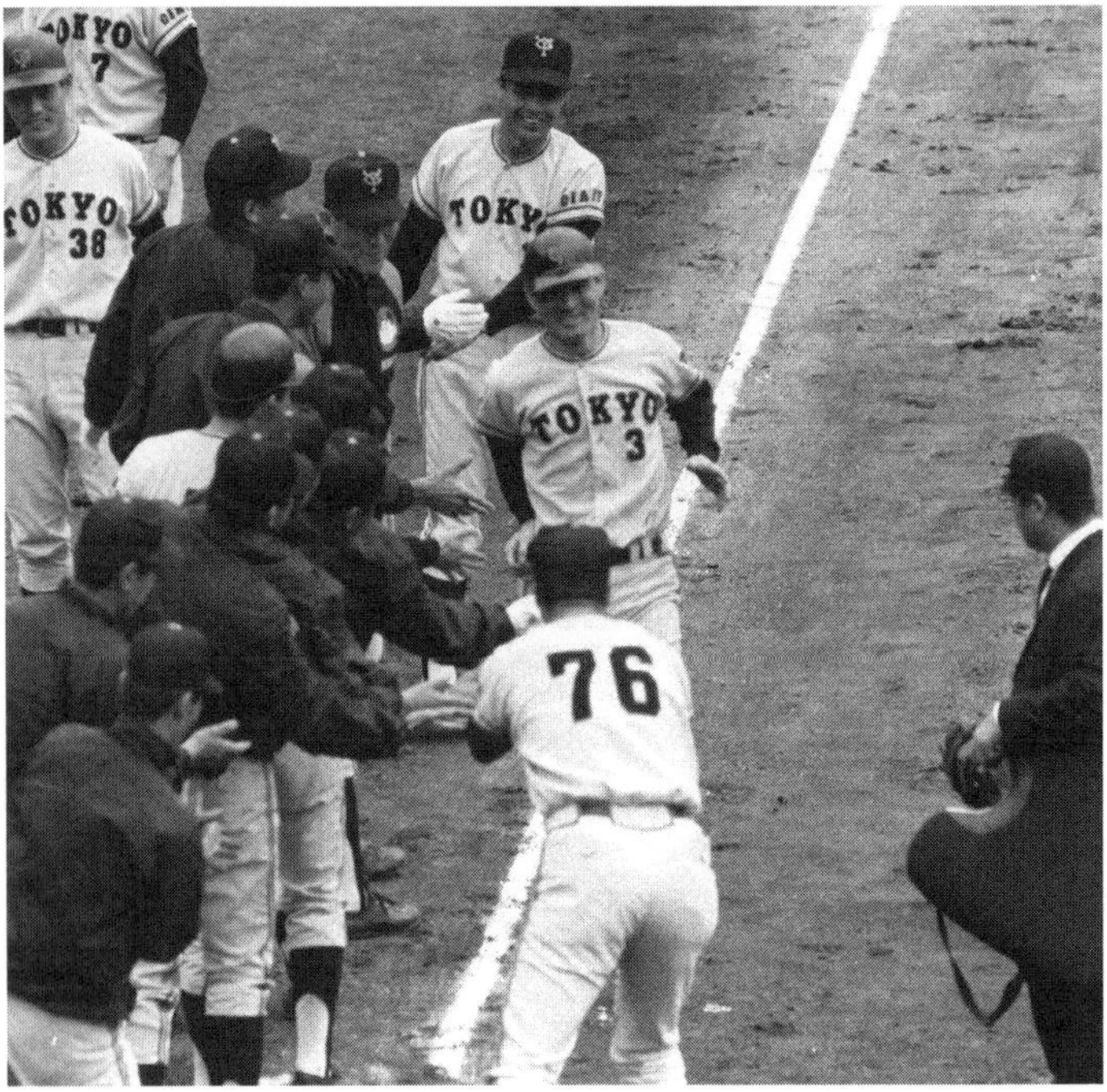

昭和45年の日本シリーズで左翼へ本塁打を放ち、ナインに迎えられる

たものが負けるのが、このゲームの掟《おきて》だ。

このワン・チャンスをものにするには、もちろん精神力の集中も必要だが、それだけではダメだと思う。これは結局、仕事に対する責任感があるかないか、キザなことばでいえば、自分自身に対する責任感があるかないかの〝勝負〟でもあると、ぼくは思う。

ひとつのことに夢中でのめりこんで、バカになる。わき目もふらずにそのことだけに集中する——。なかなかできそうでできないことだけど、それをやるのは、やっぱり心の持ちようだという気がする。

〝素直な心〟〝純な心〟がなくてはダメ。相手が必死で投げてくるタマに対して、妙なハッタリや手練《てれん》手管《てくだ》を弄《ろう》しても、その場は通用するかもしれないが、決して長続きはしないものだ。素直にはいっていったときが、やはり一番力もでるし、結果もいい。考えてみれば恐ろしいことだと思う。

もし大リーグに入っていたら

ロジャー・マリス。ヤンキースのＭＭ砲で鳴らしたマリスに会ったのは、三十七年の一月七日だった。

石原裕次郎夫妻ら総勢七人づれでニューヨーク、マイアミ、ミネアポリス、ロサンゼルスとまわったときである。ぼくたちの面倒をあれこれみてくれた貿易商のジェンセンさんが、ヤンキースの選手とも親しく、その関係でマリスに引き合わせてくれたように覚えている。

会ったのはホテル・ニューヨーカーの運動具展示場。マリスはこの前年のシーズンに六十二ホーマーを記録したばかりで、もちろん大リーグでもトップ・スター。短い〝デート〟だったので、なにを話したのかはすっかり忘れてしまったが、目がとても鋭く、そのくせ、ときどき子供のような表情になるのが印象に残っている。翌日のニューヨーク・タイムズには、

――ミスター・ナガシマは、ヤンキー・スタジアムへインスピレーションを求めにいく

という見出しで、ぼくの紹介記事がでていた。

ベーブ・ルースのホームラン記録を塗りかえて話題になったブレーブスのハンク・アーロンとは、四十二年三月十一日、二度目の渡米キャンプをはったベロビーチのホルマン球場裏で会った。カイザー・田中（元阪神監督）さんの通訳で、ワンちゃんもいっしょだった。

「スランプになったときは、それを忘れるためにスイングする。つねにバットをにぎっていることが大事だね」

低い、物静かな声でそういったのを思いだす。

「それじゃ、ニガ手のピッチャーにぶつかったときはどうするんです？」

ぼくがそう質問すると、彼は静かな目でバットを撫《な》で、

「ふつうよりも打ち気でむかっていくことだね。それよりいいのは、はじめからニガ手のピッチャーなんかいないと考えていくことだよ」

アーロンはかつて三十三回盗塁をねらって、そのうち三十二回まで成功させた俊足の持ち主。九百九十二グラム（三十五オンス）という重いバットのいちばん端っこを持ってビュンビュン振りまわしていくタイプだ。

長くバットを持つと、グリップエンドが左手小指のつけ根にあたるため、よくマメができる。アーロンの左手にも、カチカチになったマメが無数にできていた。

その場で二、三度スイングをみせてくれたが、長いリストを巻きこむようにして振る彼のスイングの速さに舌をまいたものだ。背はぼくとほとんど同じ。地味で目立たない感じだが、一種の風格があった。

たとえ冗談半分にせよ、現役時代に何度かぼくは大リーグから誘われた。

強烈に印象に残っているのはまだルーキーだった三十三年の秋のことだ。カーディナルス戦でがんばったぼくを、〝ザ・マン〟といわれた大打者で、そのころ球団のフロントにはいっていたスタン・ミュージアルが、ずいぶん賞《ほ》めてくれた。そのせいか、ＡＰの記者から、

「一億円で大リーグへこないか」

走塁には自信があった。セカンドから犠飛でホームインしたこともある

と、真顔で持ちかけられ、当惑したことを覚えている。

巨人の顧問をされている鈴木惣太郎さんによると、ドジャースのオマリー会長から何度も、

「ナガシマを譲ってほしい。交換選手としてはドジャースのどの選手を指名してもらってもいい」

という手紙がきたそうだ。

事実、四十二年に最初のベロビーチ・キャンプへいったとき、ドジャースの作戦部長といわれたアル・キャンパニスさんから、

「ナガシマ、私のところに養子にこないか？　こっちに住んでドジャースにはいればいい」

といわれて困った。

ぼくにその気はなかったが、ときにはもし大リーグにはいっていたらどうだったろうか、と夢想することがある。

大リーグには、すごく速いタマを投げる本格派のピッチャーがゴロゴロしていて、日本のような繊細な技巧をこらすタイプは少ない。力でぐいぐい押しまくってくるわけで、そういう連中としょっちゅうぶつかっていたら、技術はたしかに向上したかもしれない。

しかし、試合数は日本とくらべものにならないほど多く、ロード・ゲームで移動する距離も、とてつもなく長い。少々のことにはこたえない体力が要求されるから、なかなかむずかしいところだろう。

第10章　希望のベロビーチ・キャンプ

ドジャー・タウン

気のせいか、日本にいるときより打球が伸びる。軽く合わせたつもりでも、ライナーになって飛んでいく。

「空気が薄いのかねえ、ここは……」

といって、ぼくは牧野コーチに笑われた。

「ミスターは、ヒマラヤかなにかへきたみたいなことといってるよ。空気が薄いんじゃなくて、きっと乾燥しているから打球が飛ぶんだよ」

ヤシとフェニックスの合いの子みたいなロイヤルパーム（大王ヤシ）が、緑の葉をさらさらと鳴らしている。

甘い、爽やかな風だ。

ベロビーチ・キャンプ――。

四十六年にここへ来たとき、ぼくはキャプテンを命じられたばかりで、大いに張り切った。現役最後の打率三割台をキープして、首位打者と最優秀選手とを獲得したのも、この四十六年のシーズンだった。

川上さんが監督になった最初のシーズンも、このベロビーチ・キャンプから出発したようなものだ。チームにとっても、ぼくにとっても、ベロビーチという土地は、いつも明日へ向かって飛躍するクッション・ボードの役割りを果たしてきた。

昭和五十年のシーズンも、このベロビーチからはじまる。


ベロビーチは、フロリダ州の東、大西洋岸にある人口一万三千人ほどの小さな町だ。宇宙ロケットの打ち上げで有名なケープ・ケネディまで車で四時間ほど。マイアミまでは六時間ほどでいける。

フロリダ州は、サンシャイン・ステートという呼び名通り、いつもさんさんと明るい陽光がふりそそいでいる。インディアン・リバーという川が、州の西端をくねりながら流れ、この川に沿って、フリーウェイが走っている。

昭和五十年の新しいシーズンにはいる前、ぼくたちはここで約二週間のキャンプをはる。総勢四十人をこえるコーチや選手とともに、最初の一週間はみっちりと打ちこみや投げこみをする。残りの一週間は、実戦的な動きを狙いにして、ドジャースなど大リーガー相手のオープン戦で、フロリダ州の各地をまわるわけだ。

フロリダには大リーグのキャンプ地が散在している。ヤンキース、フィリーズ、セネタース、オリオールズ、パイレーツ……。それぞれすばらしい設備を持っているが、なかでももっとも歴史が古いのがぼくたちがいくドジャー・タウンである。

ベロビーチの町はずれ、セスナの飛行機工場のすぐそばに、〝ウェルカム・ドジャー・タウン〟という洒落《しゃれ》た看板がでている。

十八ホールの本格的なゴルフ・コースと隣接した広大な敷地内には、野球をやるためのありとあらゆる施設がそろっている。

赤、青、黄色のカラフルなボックス・シートが並んだホルマン球場という立派な球場のほかに、内野まできれいなグリーンの芝生をしきつめた練習用のグラウンドが二面。ほかに〝インフィールド〟という内野だけのグラウンドが一面、そのほかピッチャーが一度に八人並んで投げられるゆったりしたブルペン、マシンつきのバッティング練習場など、いたれりつくせりの設備がそろっている。

グラウンドのすぐそばに、かつて空軍の兵舎だった建物がある。改築して近代的なホテルみたいに生まれ変わったが、ぼくがいった当時は、板張りの廊下や深緑色で統一した部屋がめずらしくて、なんだか母校・佐倉中学の校舎を思いだしたものだ。ベッドは鉄製のパイプ、毛布も兵隊さんが使うようながんじょうなものだったが、そのかわりとても清潔でこざっぱりしていた。

宿舎のまわり一面に、グレープフルーツがたわわに実っていてもぎ放題、食べ放題だった。夏ミカンをもっと爽やかにしたような味がするこのグレープフルーツは、フロリダの名物でどこへいっても見かけるが、ベロビーチ周辺は沼地だったせいか、とくにたくさん生《は》えている。

しかし、同じ木になっていてもうまいのとマズいのがある。

これを見わける名人が、なくなったマイヤーズ・コーチで、ぼくなど食べたくなるたびに彼を木の下に引っぱっていって、

「ケニー。またセレクト、OK?」

と、怪しげな英語で頼みこんだものだ。

宿舎はドジャースのマイナー（ファーム）の選手たちもいっしょ。もちろん、現役パリパリの大リーガーもまじっている。引退した三振奪取王、サンデー・コーファックスや、

盗塁の世界記録をもっていたモーリー・ウィルス、もと、ロッテで活躍したジム・ラフィーバーなど、食堂でよく顔を会わせた。

この食堂ででる料理がまたすごい。朝だけはセルフ・サービスだが、なんでも食べ放題。もぎたてのオレンジやグレープフルーツをきゅっとしぼったジュースや、野菜サラダ、ハムやベーコン、いろんな種類のパンがいくらでも食べられる。

夜のディナー・タイムには、とくにドジャース側で用意してくれた日本語のメニューがテーブルの上におかれてあって、フルコースの食事だ。ステーキなどは厚さが三センチはたっぷりあるものすごさ。そのボリュームに圧倒されたものだ。

大リーガーに学べ

ぼくは、三十六年の第一回から数えて、こんどで四度目のベロビーチになる。

〝ランラン・ベースボール〟とか、〝パウダーパフ・アタック（パフで顔をはたくような）・ベースボール〟といわれ、綿密なチームプレーにかけては大リーグでも有名なドジャースといっしょに練習して、ぼくもずいぶん勉強になった。

第一回のときには、ビハインド・プレーという高度のテクニックに舌を巻いた。

ベロビーチ・キャンプでドジャース選手と語り合う

　これはランナー二、三塁で、左中間に長打がでた場合にやる頭脳的なプレーで、ショートが外野の中継に行き、サードは三塁のベースカバー、セカンドはわざと二塁ベースの前方、ショート寄りに出る。

　すると、打ったランナーは完全に二塁打だから、ぱっぱっと二塁ベースをオーバーランする。そのとき打ったランナーの後についていった一塁手が、すかさず二塁に入り、中継したショートからのタマを受けてタッチアウトにするわけだ。

　ベースカバーのやり方から、ランナーを吊りだしてアウトにするピックオフ・プレーのやり方まで、野球というのはこんなにいろいろと細かいテクニックがあるのか、とびっくりするほどだった。

二度目にいったときは、かつての強打者、デューク・スナイダー・コーチの話が、とてもおもしろかった。この人は一九五六年に四十三本のホームランを打ってナ・リーグのキングになった強打者だ。そのころはドジャースのファーム・チームであるアルバカークの監督をやっていた。

「打席にはいるとき、日本語の〝コンニチハ、イカガデスカ〟という感じで、腰をかがめて挨拶しながらはいる選手がいるが、これは絶対ダメ。いったんユニホームを着たら、人間じゃなくアニマル（動物）になることだ。試合になればピッチャーの給料があがるか、自分の給料があがるか、二つに一つしかないんだから……」

日本式だと、よく「ボールに手をだすな」というが、スナイダーは「ストライクを打て」と強調したのも、ぼくにはおもしろかった。

同じことをいっているようだが、ニュアンスは大ちがい。バッティングには、オフェンス（攻撃）とディフェンス（守備）との二つのタイプがあるが、プロともなると徹底したオフェンス型でなければならない、というのがスナイダーの持論だった。なにしろ、ドジャースでは最高の通算四百三ホーマーを打っている人だ。いうことにいちいち迫力があった。

四十六年、三回目のドジャースへの野球留学では、ディキシー・ウォーカー・コーチのレッスンを受けた。

この人も有名なバットマンだが、ぼくたちが講義（？）を受けたときはもう六十歳のおじいさん。しかし、じっとしていたら頭がボーッとなりそうなカンカン照りの下で、このおじいさんはキチンとユニホームを着て、とうとうとまくしたてた。

「いいかね。このチームで大きなフライを打っていいのは、オーとナガシマだけ。あとのみんなはフライを打つならバントでもしなさい」

常にライナーを打て、という代わりにそんな表現をつかってまずみんなのドギモを抜いた。

ぼくが一番感心したのは、ディキシー・コーチの次のひとことだった。

「自分のできないことを何度も繰り返してやるのが、ほんとうの練習。やさしいタマを打って自己満足するのは、練習じゃなくて遊びというんだ」

グラウンドへのいき帰りには、よく大リーガーのタマゴたちの練習ぶりを見物した。みんなちょっとみるとノンビリやっているようだが、このキャンプでメジャー（大リーグ）昇格かマイナー落ちかがきまるだけに、目の色が変わっていた。

パリパリの大リーガーでも、実によくランニングし、ノックを受けている。

〝百聞は一見にしかず〟というが、巨人の明日を背負う若い選手たちには、とにかく自分の目でみて、耳でたしかめてくることをすすめたい。プロフェッショナルとはどんなものか、すぐにわかると思う。お客に見てもらっていくら、見せていくらの世界なのだ。お金をとれるだけの技術を身につけるには、ベンチで座って理屈をいっていてもはじまらない。まず、自分の体を動かさなくてはなんにもならないのだ。

ぼくの野球人生

バットマン、ことに三割バッターにとって、野球は七割のミスが許される社会だ。二割五分を打つバッターなら七割五分のミスが許される。考えようによっては、甘い社会のようだが、しかし、逆にいえば三割バッターにとってその七割は逆境でもある。

目にみえない三割のカベを突き破るには、もちろんそれだけの技術がなくてはならないが、その技術を支えるものをつきつめていくと、結局は、自分自身に対する責任感がシンになってくると思う。

「二割六、七分でもいいや。どうせオレはダメだ」

と、自分に対してイージーになったら、その選手は決して三割のカベは破れない。小さなボールのシンを、丸いバットでうまくとらえ、それを野手の捕れない場所に落とすのは、やさしいようでいて、むずかしい。

最近の若い人たちを見ていると、なんとか人よりうまくなろう、なんとかして三割を打とう、という気迫が感じられない。人の見えないところで苦しみもがきながら練習し、人の前へでるとそれをおくびにもださないプロフェッショナルは、ほんとうに少なくなった。いったんユニホームを着たら、息づまるような修羅場でも、サラリと切り抜け、サラリとした笑顔をみせる――という選手も少なくなった。

自分自身に対して責任感を持つのは、もうぼくたちの世代までなのか、と思うとさびしい。

しかめっ面でプレーするのではなく、明るく、そして激しさを内に秘めた野球。これを、今のファンも要求していると思う。

いつだったか、将来を期待されて巨人のユニホームを着たあるルーキーが、ピンチヒッターとして初めて打席に立ったときのことだ。追いこまれたカウントから彼は、うまくライト方向にバットを合わせた。ヒット性の打球は一塁の左側に飛んだ。

「惜しかったな」

ベンチに戻ってきたそのルーキーを、だれかが慰めた。

バッティング・コーチ兼任だったぼくは、しかし、すこしちがう受けとり方をした。

ルーキーがロッカールームでユニホームをぬいでいるとき、率直に自分の考えを話した。

「あれはライトを狙っていったのかい？」

「はい。なんとか当てていこうと思ったんです」

「ほんとうはキミ、左へ引っぱるバッターなんだろう？」

「そうですけど……」

「それじゃ、どうして引っぱってみなかったんだ。三振を恐れちゃダメだぞ。自分の持ち味を、もっと大事にして思いきってやったほうがいい。若いんだから、思いきってやって失敗してもだれも責めやしない」

よけいなお説教だったかもしれない。が、そのルーキーの素質が惜しいからこそ、ぼくはひと言どうしてもいっておかなければならないと思った。

四十年の十月十四日――。
神宮でのサンケイ戦が雨で中止になり、ぼくは赤坂まで食事にでた。当時、自分でハンドルをにぎっていたサンダーバードをレストランの前でとめたとき、ラジオはたまたま中日・大洋戦の九回裏を中継していた。この試合で中日が負けたら、その瞬間に巨人の優勝がきまるという状況だった。ぼくはそのままシートに座りこみ、ラジオのボリュームをあげた。

「……大洋、勝ってついにジャイアンツの優勝がきまりました。今、この瞬間を、ジャイアンツのナインはどういう思いで聞いているでしょうか……」

その瞬間は午後八時二十九分だった。それから九年後の四十九年十月十二日午後八時九分。中日の優勝がきまってついにぼくたちの十連覇はならなかった。でも考えてみると、これだけ幾重にもチャンピオン・フラッグを体に巻かれて、現役にサヨナラを告げる選手は、いないだろう。

リーグの優勝も味わわずにやめていく人のほうが大多数なのだし、日本シリーズという最高の修羅場を人より数多く踏めたぼくは、ほんとうに幸せだった。

伝統という名の重い、大きな十字架を背負って、ぼくたちはそれぞれ一つの時代をつくってきた。監督は監督としての時代、コーチはコーチ、選手は選手としての時代をつくった。そのことが、選手だったぼくには大きな誇りとなっている。

現役引退と同時に、ぼくは十七年間なじんできた背番号3のユニホームを脱ぐことにきめた。昭和五十年のシーズンからは新しい背番号をつけ、チームの先頭に立っていかなくてはならない。バットマンとしての過去をさらりと捨てて、巨人という伝統の十字架を引きついでいこうと思ったからだった。

昔の野球は、個人技で相手を圧倒するものが多かったが、いまは総合力で勝っていかなくてはならない。組織と組織との戦いである。管理のやり方も、昔とはまるでちがってきている。

ぼくが巨人のユニホームを着たときの監督は水原さんだった。その四年後から川上さんがチームを引き継いで、ドジャース方式の組織的なチームプレーをチームに植えつけた。

この間、いろんなことがあった。最初のスタートのとき、先にたって練習を引っぱった別所さんは、マスコミから〝鬼軍曹〟というニックネームをもらうほど直情径行《ちょくじょうけいこう》の人だった。

その別所さんが、突然、川上さんとタモトをわかち、そのあと広岡さん、南村さん、荒川さんとユニークな個性をもっていたコーチの人たちもチームを去っていった。

人間の集団が一つにまとまるというのは、実にむずかしいことだと思う。巨人のように、集団の目的が勝つ、というただ一点にしぼられているチームでさえ、なおさまざまな確執があった。

これはいいかえれば、監督、コーチ、選手に〝ナアナア〟が一切許されないチームだったせいもあったと思う。川上さんは、なにものにも妥協せずに、自分の意思を押し通した。

昭和48年、セ・リーグ９連覇を達成し、リーグチャンピオン・トロフィーと

選手のなかにも、巨人というチームの厳しさが骨身にしみた人もいたと思う。

「巨人のユニホームを着るのは晴れがましい反面、なんだか冷たい着心地がするなあ。シゲよ。これだけは、着る資格のない選手が着たらみじめだな」

カネさんが、しみじみと洩らしたことがあったが、プロフェッショナルの集団とはそういうものではないか、という気もする。〝ナアナア〟では勝っていけない。甘えることのない男の世界なのである。

ただ、若い人たちのフィーリングは、ひところとはうんとちがってきた。ただ単純に厳しさだけを押しつけても、ついてこない。キメのこまかいコミュニケーションが必要になってくるだろう。明るさと爽やかさをグラウンドでふりまくためには、チームぐるみ、気持ちが一つにまとまっていなければならない。

ぼくは、キャッチボールやトス・バッティングが、形に現われるチームプレーの出発点だと思う。相手の胸もとに、まっすぐに捕りやすいボールを投げる、打ちやすいボールを投げる……これが相手の立場や気持ちを考える原点だと思う。

ボールの代わりに言葉を使うキャッチボール。それが一対一から無限に拡がって、全員が目にみえないボールを相手の胸にまっすぐ投げ合えるようになったとき、チームはどんな場合にでも一つにまとまった〝勝つための集団〟になるのではないだろうか。

さいわい、ぼくには巨人が連覇してきたあいだ、その大きなうねりのような流れのなかで体でつかんだ体験の積み重ねがある。たとえ監督としてはまったく白紙でも、だれもが味わわなかったことを味わってきたという誇りがある。

これだけが、長嶋茂雄という男のたった一つの財産、たった一つの武器だと思っている。

ぼくは今、もう一つの新しいスタート台についた――。

3

12/13…来季の優勝は勝率でなく勝数で決めるとセ・リーグが発表

平成13年

140試合、75勝、63敗、2引き分け、勝率.543、第2位

4/19…ヤクルト戦で逆転サヨナラ勝ち、一週間で3度サヨナラ勝ち　4/28…長嶋監督、巨人最多川上哲治監督の記録抜く1867試合目、チーム最多出場監督となる　6/1…勝率でヤクルト下回る　6/28…史上10人目、1000勝監督の仲間入り　8/3…松井秀喜選手65試合連続出塁　8/22…台風の影響で東京ドームの試合中止（3度目）　9/28…長嶋監督、勇退を発表。来シーズンから原新監督へバトンタッチ。長嶋監督は、巨人軍終身名誉監督に。

9年間計、1202試合、647勝、551敗、4引き分け、勝率5割4分

15年間計、1982試合、1034勝、889敗、59引き分け、勝率5割3分8厘

6/17…代打に宮本和知投手登場　7/4…岡島秀樹投手１イニング４三振奪う
7/5…8対3で阪神破り監督通算700勝

平成10年

135試合、73勝、62敗、引き分け０、勝率.541、第３位

3/3…川島広守セ会長退任、新会長に高原須美子氏　3/7…川島氏、新コミッショナーに就任　6/12…松井秀喜選手、本塁打ダービー首位に立つ　7/31…ガルベス投手、審判員にボール投げつけるなど大暴れで退場処分　8/1…同投手に今季出場停止処分　8/15…川相昌弘選手、通算452犠打の新記録
8/19…長嶋監督辞表提出　9/12…監督の留任を発表　10/12…本塁打王、打点王、最高出塁率に松井秀喜選手

平成11年

135試合、75勝、60敗、引き分け０、勝率.556、第２位

4/17…中日の開幕12連勝阻止　4/28…ヤクルトに８対０から逆転負け、横浜戦と合わせ４月中二度の８点差逆転負け　7/2…広島戦に８投手出場、10対8で勝つ（9/15中日戦でも）　7/30…松井秀喜選手の連続全イニング出場574試合でストップ　9/21…新人・上原浩治投手15連勝の新記録　新人王に上原投手（上原は最優秀、最多勝利、最多奪三振、最優秀防御率も獲得　12/6…FA宣言した江藤智選手の入団発表

平成12年

135試合、78勝、57敗、引き分け０、勝率.578、第１位、日本シリーズ…対ダイエー４勝２敗

2/12…江藤智選手の移籍で背番号「33」から「３」に変更　5/14…阪神に勝ち長嶋監督900勝（10人目）　6/25…横浜に１対２で敗れ１点差ゲーム９連敗
7/26…オールスターゲームにセ３連勝、97年から８連勝　9/24…中日に大逆転の５対４で勝ち38度目の優勝決める　長嶋監督、64歳で優勝の最年長記録
10/11…最優秀選手に松井秀喜（松井はほかに本塁打、打点王、最高出塁率も）、最優秀投手に工藤公康　10/28…ＯＮ対決は４勝２敗で長嶋巨人が勝つ

5/10…一茂選手退場　5/11…両軍投手死球応酬し乱闘、巨人グラッデン選手、ヤクルト西村龍次投手、中西親志選手の３人に退場、のちセ会長から処分　5/18…槙原寛己投手、広島戦で完全試合達成　7/24…母チヨさん他界　9/10…広島戦に５対19で敗れ失点のチーム最多記録　10/8…一時中日につけていた9.5差を追いつかれ、史上初の同率最終決戦で勝ち、36度目の優勝決定　10/9…最優秀、最多奪三振投手に桑田真澄　10/29…西武降し18度目の日本一　10/31…最優秀選手に桑田真澄投手を選出　11/1…正力松太郎賞受賞

平成７年

131試合、72勝、58敗、１引き分け、勝率.554、第３位

2/17…都民栄誉賞受賞　8/10…１対１の10回、中日が一挙８得点、延長戦の最人得点記録　8/11…対阪神５試合連続完封勝ち（47イニング無失点）　9/9…ヤクルト・ブロス選手にノーヒットノーラン喫す　9/30…ヤクルト、巨人破り４度目の優勝決める　10/8…原辰徳選手、現役引退セレモニー　10/13…斎藤雅樹投手、最優秀、最多勝利、最多奪三振投手となる

平成８年

130試合、77勝、53敗、引き分け０、勝率.592、第１位、日本シリーズ…対オリックス１勝４敗

2/20…還暦祝い　4/5…斉藤雅樹投手、阪神に準完全で勝ち、３年連続開幕戦戦完封勝ちの新記録　7/28…24選手出場　10/6…5対2で勝ち37度目の優勝決定　10/9…落合博満選手、42歳４ヵ月の最年長３割打者。最優秀選手に松井秀喜、最優秀新人に仁志敏久選手が選ばれ、最多勝利投手にガルベス、斎藤雅樹両投手、斎藤は最優秀、最優秀防御率も　11/24…FA宣言した清原和博選手巨人入り　12/4…長嶋監督が発言した「メイクドラマ」流行語大賞に選ばれる

平成９年

135試合、63勝、72敗、引き分け０、勝率.467、第４位

4/6…桑田真澄投手、ヤクルト戦、661日ぶりの登板、683日ぶりの勝利

首位争い　9/6…ヤクルトに首位を明け渡す　10/4…ヤクルト優勝決定、V３成らず　11/21…江川選手との契約で大波紋起こす

昭和54年

130試合、58勝、62敗、10引き分け、勝率.483、第５位

1/31…江川選手を阪神から譲り受ける　6/17…江川３度目の先発で初勝利　7/5…大混戦となり首位転落　8/8…勝率５割を切る　10/25…勝率４割８分３厘、５位で閉幕　11/3…ヘッドコーチに青田昇氏就任

昭和55年

130試合、61勝、60敗、９引き分け、勝率.504、第３位

1/19…青田コーチ舌禍事件で退団　3/6…ホワイト選手入団　3/30…オープン戦13勝２敗で優勝候補に　4/8…開幕３連敗　7/3…首位広島に9.5差で５位転落　10/14…１点差負け33回目　10/20…終盤盛り返し３位確保　10/21…突如辞表提出、フロント入りも辞退

６年間計、780試合、387勝、338敗、55引き分け、勝率.534

平成５年

131試合、64勝、66敗、１引き分け、勝率.492、第３位

4/23…長男一茂選手セ30000号本塁打　5/1…松井秀喜選手デビュー　5/2…原辰徳選手四番で1000試合　5/30…中日にサヨナラ勝ち12球団初の4000勝　6/8…巨人対ヤクルト戦で両軍乱闘、吉原幸介選手とハウエル選手（ヤ）が退場となり、長嶋監督には戒告　10/16…野村弘樹選手（横）に今季０勝７敗　10/22…盗塁王に緒方耕一選手、最優秀救援に石毛博史選手　12/21…第１回FA選手の落合博満選手、巨人との契約発表

平成６年

130試合、70勝、60敗、引き分け０、勝率.538、第１位、日本シリーズ…対西武４勝２敗

第５戦、44年第３戦、45年第３、４戦の４回）　３打席連続本塁打(45年第３～４戦）通算184塁打　通算41長打　通算66打点　シリーズ三塁手13刺殺　１試合三塁手４刺殺　１試合三塁手９補殺　シリーズ三塁手３失策　１試合三塁手２失策

監督・長嶋茂雄

昭和50年

130試合、47勝、76敗、７引き分け、勝率.382、第６位

3/1～3/15…ベロビーチでキャンプ　4/5…監督第１戦は大洋に敗れ黒星スタート　9/14…チーム史上初の９連敗（11連敗まで延びる）　10/10…球団史上初の最下位決定　11/25…張本、加藤初両選手をトレードで獲得

昭和51年

130試合、76勝、45敗、９引き分け、勝率.628、第１位、日本シリーズ…対阪急３勝４敗

5/6…ライト投手入団　5/13…監督就任後初の首位　5/23…14連勝して独走態勢固める　10/16…長嶋巨人のＶ１決定　11/2…阪急との日本シリーズ３連敗後、３連勝するも最終戦で惜敗

昭和52年

130試合、80勝、46敗、４引き分け、勝率.635、第１位、日本シリーズ…対阪急１勝４敗

4/2…３年目で開幕戦初勝利　7/23…球宴初采配、２勝１敗で勝利監督賞　8/27…ヤクルト戦に勝ち、２位に10.5差つける　9/3…王選手756号本塁打　9/23…２位ヤクルト敗れ、連続優勝決定

昭和53年

130試合、65勝、49敗、16引き分け、勝率.570、第２位

4/2…阪神に連勝好スタート　7/29…阪神を３タテして９連勝、ヤクルトと

★獲得タイトル

首位打者6回(昭和34~36、38、41、46年)

本塁打王2回(33、36年)

打点王5回(33、38、43~45年)

★受賞

最優秀選手5回(昭和36、38、41、43、46年)

新人王(33年)

ベストナイン選出17回(33~49年)

ダイヤモンドグラブ賞2回(47~48年)

★各種記録

(セ)首位打者6回 (セ)3年連続首位打者 (日)(セ)シーズン最多安打10回 (日)(セ)6年連続シーズン最多安打 (日)(セ)シーズン150安打以上11回 (日)(セ)6年連続シーズン150安打以上 (セ)1試合3安打以上186回 (セ)シーズン最多二塁打3回 (日)(セ)4試合連続三塁打(昭和35年5月8日~14日) (セ)通算257併殺打 (セ)シーズン最多併殺打5回 (日)(セ)三塁手通算2172試合出場

※(セ)はセ・リーグ記録、(日)は日本記録

★オールスター戦受賞

打撃賞…昭和35年第2戦、36年第2戦、37年第2戦、38年第2戦、41年第3戦、46年第1、3戦 美技賞…35年第1戦、37年第2戦、38年第1、2戦 優秀選手…34年、41年第3戦敢闘賞…33年、42年第1戦、46年第3戦、48年第2戦(ほかに本塁打には各試合ごとに本塁打賞)

★オールスター戦記録

通算6併殺打、シリーズ3併殺打

★日本シリーズ受賞

最優秀選手…昭和38、40、44、45年 優秀選手…41年

打撃賞…44、45年

★日本シリーズ記録

通算91安打 1試合4安打(昭和41年第1戦) 通算14二塁打 3試合連続二塁打(38年第1~3戦) シリーズ4本塁打(45年) 1試合2本塁打(38年

※太字はシーズン最多（最高）、四球（　）内数字は敬遠四球

四球	死球	三振	併殺打	打率	打率順位	守備位置	守備試合数	刺殺	補殺	失策	併殺	守備率
36(15)	5	53	3	.305	2	（三塁）	**130**	129	**385**	25	31	.954
70(17)	4	40	9	**.334**	1	（〃）	123	103	**370**	15	25	.969
70(32)	0	28	8	**.334**	1	（三塁/遊撃）	123/10	92/14	**362**/24	**19**/2	**30**/4	.960/.950
88(35)	1	34	14	**.353**	1	（三塁/遊撃）	129/8	**125**/12	**369**/17	16/1	30/4	.969/.967
51(7)	5	61	14	.288	5	（三塁/外野）	**134**/1	**120**/0	**341**/0	15/0	29/0	.968/——
86(18)	3	30	14	**.341**	1	（三塁）	132	114	374	13	33	.974
96(15)	5	34	8	.314	4	（〃）	133	118	**385**	**16**	30	.969
50(12)	2	42	16	.300	5	（〃）	131	**117**	317	14	24	.969
58(14)	3	39	**17**	**.344**	1	（〃）	127	109	314	14	20	.968
37(4)	1	37	**24**	.283	12	（〃）	121	**88**	**274**	**13**	**29**	**.965**
66(12)	3	74	**19**	.318	2	（〃）	131	111	**285**	**19**	**31**	.954
38(1)	2	58	5	.311	3	（〃）	126	109	305	12	22	**.972**
40(1)	0	52	15	.269	10	（〃）	127	88	256	**19**	8	.948
59(8)	2	45	**20**	**.320**	1	（〃）	129	79	262	14	21	.961
63(11)	1	34	**23**	.266	21	（〃）	124	103	237	10	28	.971
37(3)	1	35	20	.269	13	（〃）	127	96	**279**	12	25	**.969**
24	5	33	18	.244	24	（〃）	125	66	210	**15**	18	.948
969(205)	43	729	257	.305		（三塁）	2172	1767	5325	261	434	.965
						（遊撃）	18	26	41	3	8	.957
						（外野）	1	0	0	0	0	——

犠飛	四球	死球	三振	併殺打	打率	守備位置	守備試合数	刺殺	補殺	失策	併殺	守備率
1	17	0	13	6	.313	（三塁）	42	34	64	5	3	.951
						（遊撃）	5	7	7	1	2	.933
3	27(1)	1	21	5	.343	（三塁）	68	58	174	10	13	.959

ペナントレース打撃・守備成績

年度	チーム順位	試合	打数	得点	安打	二塁打	三塁打	本塁打	塁打	打点	盗塁	犠打	犠飛
昭和33	(1)	**130**	502	**89**	**153**	**34**	8	**29**	**290**	**92**	37	1	6
34	(1)	124	449	**88**	**150**	32	6	27	**275**	82	21	0	3
35	(2)	126	452	71	**151**	22	**12**	16	**245**	64	31	0	2
36	(1)	**130**	448	84	**158**	**32**	9	**28**	**292**	86	14	1	5
37	(4)	**134**	525	69	**151**	**38**	5	25	274	80	18	0	3
38	(1)	134	478	99	**163**	28	**6**	37	**314**	**112**	16	0	**10**
39	(3)	133	459	81	144	19	6	31	268	90	13	0	6
40	(1)	131	503	70	151	23	5	17	235	80	2	0	5
41	(1)	128	474	83	**163**	31	3	26	278	105	14	0	**8**
42	(1)	122	474	65	134	25	3	19	222	77	2	0	3
43	(1)	131	494	80	**157**	21	4	39	303	**125**	8	1	5
44	(1)	126	502	71	**156**	23	2	32	279	**115**	1	0	4
45	(1)	127	476	56	128	22	2	22	220	**105**	1	0	**9**
46	(1)	**130**	**485**	84	**155**	21	2	34	**282**	86	4	0	1
47	(1)	125	448	64	119	17	0	27	217	92	3	0	**8**
48	(1)	127	483	60	130	14	0	20	204	76	3	1	**8**
49	(2)	128	442	56	108	16	1	15	171	55	2	1	4
計		2186	8094	1270	2471	418	74	444	4369	1522	190	5	90

オールスター戦、日本シリーズ打撃・守備成績

	試合	打数	得点	安打	二塁打	三塁打	本塁打	塁打	打点	盗塁	盗塁死	犠打		
オールスター戦（16回出場、1回辞退）	43	150	21	47	10	0	7	78	21	8	3	0	1	17
日本シリーズ（12回出場）	68	265	49	91	14	2	25	184	66	3	6	0	3	27(1

打数	安打	本塁打	打点	四死球	三振
143	52	13	39	33(9)	12
105	38	7	17	15(5)	6
93	32	7	24	24(6)	6
137	47	6	33	9(2)	7
186	62	14	29	16(4)	9
123	41	7	31	11	17
145	48	4	16	23(6)	13
113	37	14	29	29(9)	11
175	57	5	27	15(8)	12
110	35	9	18	24(1)	12
98	31	3	18	8	7
211	66	18	35	26(5)	31
96	30	3	16	11(2)	9
116	36	3	17	26(5)	14
127	39	7	32	15(1)	9
88	26	6	18	19(6)	6
150	44	11	24	25(8)	20
302	85	21	41	30(9)	39
126	35	6	19	12(1)	11
83	23	5	16	23(4)	6
226	62	14	39	23	54
157	43	5	16	23(4)	12
89	24	8	24	12(1)	8
104	28	6	18	6	11
136	36	7	28	17(3)	15
92	24	4	15	11(2)	7
199	51	12	39	12(1)	31
129	33	5	26	20(3)	15
120	30	4	17	10(1)	8
171	42	10	33	8	9
86	21	5	11	27(8)	9
111	26	7	20	8	6
181	35	8	26	18	33

◆対戦数100打席以上、※左投げ、四死球の（　）内数字は敬遠四球

長嶋茂雄ＶＳ名投手対戦成績

相手投手	最終対戦チーム	対戦期間	打率
※鈴木　隆	大　洋	33〜43年	.364
権藤　博	中　日	36〜43年	.362
※権藤　正利	阪　神	33〜48年	.344
石戸　四六	ヤクルト	38〜45年	.343
小山　正明	大　洋	33〜48年	.333
小川健太郎	中　日	40〜45年	.333
秋山　登	大　洋	33〜42年	.331
※渋谷　誠司	アトムズ	37〜44年	.327
村田　元一	アトムズ	33〜44年	.326
稲川　誠	大　洋	37〜43年	.318
鈴木　皖武	阪　神	37〜49年	.316
※金田　正一	国　鉄	33〜39年	.313
若生　智男	阪　神	39〜49年	.313
島田源太郎	大　洋	33〜47年	.310
山下　律夫	大　洋	42〜49年	.307
※小野　正一	中　日	40〜45年	.295
大石　清	広　島	34〜41年	.293
村山　実	阪　神	34〜47年	.281
松岡　弘	ヤクルト	43〜49年	.278
※中山　義朗	中　日	33〜40年	.277
※江夏　豊	阪　神	42〜49年	.274
※大羽　進	広　島	35〜46年	.274
石岡　康三	ヤクルト	39〜49年	.270
板東　英二	中　日	34〜44年	.269
G·バッキー	阪　神	37〜43年	.265
竜　憲一	広　島	37〜45年	.261
安仁屋宗八	広　島	39〜49年	.256
河村　保彦	ヤクルト	34〜45年	.256
浅野　啓司	ヤクルト	42〜49年	.250
外木場義郎	広　島	40〜49年	.246
※巽　一	アトムズ	34〜44年	.244
星野　仙一	中　日	44〜49年	.234
平松　政次	大　洋	42〜49年	.193

昭和48年

4/17…対広島１回戦で３人目の通算4000塁打　7/1…対阪神12回戦で９回２死までノーヒットノーラン、記録目前の上田二投手から中前安打奪い夢砕く　7/16…対中日17回戦で０対０の９回、稲葉から左翼へサヨナラ本塁打（通算７本のセ新）し2000試合出場（６人目）飾る　8/1…対ヤクルト14回戦でセ新記録の通算2008試合出場　9/6…対中日22回戦で５年ぶりの送りバント　9/8…対大洋22回戦で４人目の通算400二塁打　9/9…対大洋23回戦の５回、長嶋・王と連続本塁打し100度目のＯＮアベック本塁打とする　9/29…対大洋24回戦で通算安打2352となり川上監督を抜いて史上２位となる　10/22…対阪神26回戦、史上初の最終決戦で阪神降し、チームは９連覇達成（長嶋は右薬指骨折で欠場、南海との日本シリーズにも出場できず）

昭和49年

4/6…対ヤクルト１回戦で松岡投手から貴重な同点本塁打、開幕戦の本塁打は５年連続10本目　5/28…対阪神９回戦で江夏投手から逆転の満塁本塁打（通算７本目）　6/13…対中日９回戦、５試合連続三振、この間17打数２安打の不振でスタメンはずれる　6/19…対中日10回戦、気分転換でプロ入り初めて１番打つ　7/2…対広島13回戦で通算1000四死球（６人目）　8/6…対中日14回戦で逆転タイムリー、３人目の通算1500打点マーク　8/13…対大洋15回戦、打率２割３分３厘となり打撃30傑最下位に落ちる　9/28…対中日22回戦で竹田投手から27試合ぶりの本塁打　10/5…対阪神25回戦の６回に本塁打と二塁打放つ　10/9…対大洋24回戦、入団以来17年連続100安打　10/12…対ヤクルト26回戦、中日の優勝決定、巨人10連覇成らず、試合後、現役引退を表明　10/14…対中日25・26回戦、第１試合で村上義投手から左翼席へ打ち止め444本目の本塁打、第２試合は４番に坐り現役生活に終止符。10/24…入団以来17年連続ベストナインに選ばれる　10/26～11/20…日米野球メッツ戦で全国ファンにお別れ　11/25…長嶋監督就任正式発表　12/4…米大リーグ、ウインター・ミーティングに出席

6/2…対中日４回戦、下痢で欠場（スタメン復帰まで１週間） 6/26…対中日８回戦で水谷寿投手から５月12日以来27試合ぶりの８号本塁打 7/13…オールスター戦ファン投票で入団以来最高133、216票集め13年連続選出 8/1…対阪神16回戦、村山投手から18打席ぶりの安打 8/4…対大洋15回戦で巨人戦33イニング無失点の平松投手に初回先制本塁打見舞う 10/6…対広島21回戦で８人目の通算1000得点 10/12…対阪神26回戦、首位攻防の天王山で７回、江夏から回生の逆転タイムリー 10/18…対広島25回戦で４人目の通算350二塁打 10/26…閉幕、３年連続５度目の打点王 11/2…ロッテとの日本シリーズで３打席連続の新記録含む４本塁打、打率も３年連続の４割マークし４度目の最優秀選手

昭和46年

3/4～3/16…ベロビーチ・キャンプ 4/11…対広島２回戦で４人目の3500塁打 4/14…対中日３回戦で土屋紘投手から左翼へ本塁打し通算350号（４人目） 5/25…対ヤクルト９回戦で浅野投手から左前安打し５人目の通算2000安打 6/16…対広島９回戦で白石投手から先制２ラン奪い自身３度目の４試合連続本塁打 8/4…対大洋19・20回戦ダブルで４安打し３割１分１厘で打率首位に立つ 10/8…閉幕、打率３割２分で日本新記録となる６度目の首位打者 10/18…王選手に並ぶ５度目の最優秀選手

昭和47年

5/12…対大洋６回戦で坂井投手の投球を右手指に受け14日の試合休む 5/21…対広島４回戦で２度目の１試合３本塁打、通算打点1326となり川上抜き２位進出 6/22…対中日15回戦で若生和投手から通算400号本塁打（３人目） 9/23…対中日26回戦、右足肉離れで途中ベンチ入り、以後３試合欠場 10/7…対阪神25回戦で王選手に続き村山投手から通算21本目の本塁打奪いチームは８連覇決める 10/28…日本シリーズ対阪急５回戦で優勝決める本塁打、シリーズの通算記録・試合68、安打91、二塁打14、本塁打25、長打41、塁打184、打点66などを独占 11/22…この年制定されたダイヤモンドグラブ賞受賞

9/17…対産経25回戦、石戸投手からの三塁打で通算1500安打（13人目）10/5…対広島21回戦でこの年３度目の４安打　10/19…閉幕、打率２割８分３厘、プロ入り10年目で初めて打撃ベストテン落ちる（第12位）

昭和43年

2/10…台湾でキャンプ　4/6…対大洋１回戦でＯＮ初の開幕アベック本塁打　6/11…対大洋７回戦で山下投手から20号本塁打、開幕以来42試合目のペース新（小鶴、王の46試合破る）　7/21…対中日15回戦、猛打賞で前半戦終了、本塁打と打点はトップ、打率は２位で折返す　9/16…対中日19回戦で34号逆転２ラン、王選手も打ちこの年ＯＮのアベック本塁打14回目　9/18…対阪神22回戦で３ラン、２ランと叩き115打点のシーズン自己最高　10/1…対産経24回戦で石岡投手から中越38号本塁打、自己最高　10/2…対産経26回戦で７年振りの３度目の送りバント　10/10…対広島26回戦の試合前練習で左ヒジを打撲、第２試合から欠場して首位打者争い脱落　10/15…閉幕、125打点で３度目の打点王　10/21…セ新４度目の最優秀選手となる

昭和44年

4/15…対中日１回戦、風邪で途中ベンチ入り、以後４試合休む　5/1…対アトムズ６回戦、依然として低迷脱せず打率１割１分１厘　5/8…対中日５回戦の初回、田中勉投手から逆転２ラン奪い打率初めて２割台に乗せる　5/22…対アトムズ９回戦で藤原眞投手から右中間へ叩きこみ４人目の通算300本塁打　8/1…対阪神14回戦で村山投手に2000個目の三振献上（1500個目も村山）　8/17…対大洋16回戦で通算1500試合出場、初回に先制打　10/9…対中日23回戦で７月17日以来61試合ぶりの失策も先制２ランなどで快勝、５連覇決める　10/12…対広島25回戦で初回先制の31号２ランし自己最高の21試合連続安打（翌日安仁屋にストップ）　10/21…閉幕、115打点叩き４度目の打点王　11/2…日本シリーズ４本塁打の大暴れで３度目の最優秀選手

昭和45年

5/1…対大洋２回戦で山投手下から先制２ランし３度目の８試合連続打点

昭和40年

1/26…西村亜希子さんと結婚　4/12…対中日３回戦で柿本投手のあわや死球の際どい投球に両軍選手飛びだし金田投手、柳田利選手が退場処分　5/31…対中日８回戦で中山から先制の２ラン奪い11人目の200本塁打、948試合で達成のスピード記録　8/1…対広島16回戦、球宴後29打数４安打（１割３分８厘）の不振でダブルの第２試合欠場　8/18…対中日20回戦で1000試合出場　8/26…対広島19回戦、前日まで14打数無安打で７年ぶり５番打つ　9/4…対広島20回戦で安仁屋から７月15日以来51日ぶりの本塁打　10/26…対産経27回戦、打率２割９分９厘で７試合欠場したのち、この試合第１打席で中前安打し、打率を３割に乗せる　11/5…日本シリーズで南海降し２度目の最優秀選手

昭和41年

7/3…対中日10回戦、無走者で王選手を敬遠し勝負挑んだ板東に決勝二塁打浴びせる　8/7…対大洋19回戦に４打席４安打、打率３割４分１厘となり６月８日以来の首位奪回　8/9…対阪神18回戦、権藤投手からセ新、通算６本目のサヨナラ本塁打　8/16…対大洋20回戦、２度目の８試合連続打点　8/27…対産経19回戦、渋谷からの21号２ランで、この月36打点叩く　10/12…閉幕、打率３割４分４厘で５度目の首位打者（川上とタイ）　10/19…日本シリーズで南海破り３度目の最優秀選手、シリーズ新の９打点も　10/20…通算３度目の最優秀選手に選ばれる　11/6…ドジャースとの日米野球、天覧試合で先制本塁打含む３安打

昭和42年

3/1…ベロビーチでキャンプ、３月23日帰国　4/17…対阪神１回戦、開幕12打席目で初安打、入団した33年以来のスロー・スタート　5/27…対中日５回戦、打率２割４分台に落ち、５打席目、代打森永選手と交代　6/3…対中日７回戦で４安打連発しどん底脱出、６月５日にも４安打　7/27…オールスター戦で通算５本塁打、９二塁打、14長打、13四死球などレコード続出　8/14…対産経19回戦で初回渋谷投手から先制３ランし６人目の通算250本塁打

王もとり最優秀選手に選ばれる

昭和37年

7/19…対中日16回戦で３ラン２本とタイムリーで１試合７打点、17回戦でも２ラン打ち１日９打点　10/4…対大洋26回戦でプロ入り初めて左翼守るも打球来ず　10/9…閉幕、打率２割８分８厘で第５位、４年連続首位打者成らず

昭和38年

4/13…阪神との開幕戦で小山投手から２本塁打し快調のスタート　4/21…対大洋３回戦で三塁手４併殺のセ・タイ記録　6/19…対大洋10回戦で５打席５安打　6/26…対広島13回戦、前日の試合で腰痛め欠場、36年以来の連続出場319試合でストップ　8/4…対大洋18回戦で鈴木隆投手から150号本塁打（15人目）　8/25…対中日14回戦、初の４試合連続本塁打、24日から打撃３部門で首位（９月24日まで）　8/27…対大洋20回戦、自己最高の８試合連続長打と月間11本塁打　9/7…対阪神24回戦でバッキー投手に死球受け右手指痛め退場、以後５試合欠場　10/15…対中日28回戦でこの年20度目の猛打賞（３安打以上)、巨人の優勝決める　10/23…閉幕、３割４分１厘で４度目の首位打者、112打点で２度目の打点王　11/4…日本シリーズで初の最優秀選手（３本塁打７打点と活躍）　11/8…２度目の最優秀選手に選ばれる

昭和39年

4/26…対国鉄９回戦で２度目の４試合連続本塁打、28試合で14本のハイペース　5/3…対阪神７回戦、４打席抑えられ、前年からの連続出塁55試合でストップ　6/7…対阪神11回戦で村山投手から２本塁打して通算182本となり川上監督の持っていたチーム記録を更新　6/20…対国鉄18回戦で金田投手から中前安打し、史上２位のスピード記録（849試合目）で通算1000安打　7/14…対広島19回戦で竜投手から右手指に死球受け、以後５試合欠場、オールスター戦も出場辞退　8/25…対大洋20回戦、佐々木吉投手から左手甲に死球受け以後２試合欠場　11/26…五輪の恋実り西村亜希子さんと婚約

昭和34年

5／3…対中日４回戦で６打席本塁打１（決勝）、三塁打２、二塁打１、四球２と10割出塁の大暴れ、打ち過ぎてサイクルヒットのがす　5/13…対広島４回戦で橋本投手から初の満塁本塁打　5/21…対阪神８回戦、村山投手に抑えられ開幕以来30試合続けてきた４割の打率切る　6/25…対阪神11回戦、天覧試合で村山投手からプロ入り初のサヨナラ本塁打奪う、王選手も１発打ちＯＮ初のアベック本塁打ともなる　7/29…オールスター戦で立大時代の僚友杉浦投手（南海）から本塁打。打撃賞、優秀選手賞とる　8/18…対阪神18回戦の６回、右足首痛め途中退き、入団以来の全イニング出場220試合でストップ　10/３…対広島24回戦に本塁打と二塁打２本で５打点と大暴れ、８打席連続出塁で巨人５連覇を決める　10/４…対広島25回戦、８試合連続打点、７試合連続長打　10/22…閉幕、３割３分４厘で首位打者獲得

昭和35年

4/26…対大洋１回戦、３番王、４番長嶋の打順で初めてＯＮがドッキング　5/14…対阪神６回戦で４試合連続三塁打のプロ野球新記録　6/１…対大洋６回戦で９人連続奪三振狙う鈴木投手に二塁打浴びせ日本記録の夢を断つ　8/21…対国鉄23回戦、アウトカウントを間違え二塁走者を追い越しアウトとなる珍事　10/２…対広島24、25回戦を右足大腿部肉離れで欠場しチームは連敗、大洋の優勝決定許す　10/６…閉幕、３割３分４厘で連続首位打者

昭和36年

3/2…巨人ベロビーチでキャンプ張る、３月29日帰国。　6/20…対阪神12回戦で１試合３二塁打　8/22…対中日17回戦、３割７分台の猛打に各チームお手上げで６試合連続敬遠四球　8/29…対阪神24回戦で小山投手は無走者で敬遠　9/7…対国鉄21回戦で１イニング２二塁打、22回戦は土屋選手の走塁を三本間で妨害したとの判定で大モメとなり試合終了が午前０時過ぎとなる　10/6…対国鉄26回戦で巽投手からプロ入り100本目の本塁打（23人目）　10/11…対中日25回戦に代打で出場したが、柿本投手の敬遠策にバットを持たず打席に入る　10/18…閉幕、３割５分３厘で３年連続首位打者、本塁打

全記録・燃えた、打った、走った！

構成／宇佐美徹也

年表・長嶋茂雄

昭和11年２月20日千葉県印旛郡臼井町（現在の佐倉市）に生れる——23年佐倉中学へ入り野球部へ入部、１番・遊撃で活躍——26年佐倉一高入学——29年立教大学経済学部入学——４月17日立東１回戦でリーグ戦初出場、春は11試合に出場して17打数３安打、秋は正三塁手でフル出場したが19打数３安打——30年９月10日早立１回戦で初めて４番に坐り、９回木村投手から左中間へ決勝の３ラン初本塁打、12打点マークして秋の打点王——11月25日第２回アジア野球選手権の代表に選ばれフィリピン遠征——31年６月６日春のリーグ戦閉幕、４割５分８厘で首位打者となる——32年10月19日明立１回戦で５打数５安打——11月３日慶立２回戦で５回林投手から左翼席へ本塁打、通算８本の連盟新記録樹立、秋は３割３分３厘で２度目の首位打者となり、５シーズン連続ベストナインに選ばれる——12月７日巨人入団正式発表

昭和33年

４/５…開幕の対国鉄１回戦に３番三塁手でデビュー、金田投手に４打席４三振と完敗　４/10…対大洋３回戦で３回権藤投手から左翼へ初本塁打　６/22…対大洋10回戦で１試合３本塁打、打点、本塁打両部門でトップに立つ（以後シーズン終了までゆずらず）　７/18…オールスター戦ファン投票で選出される　８/６…対広島17回戦、初の４番に坐り第２打席で先制２ラン　９/15…対大洋25回戦、６試合連続敬遠四球　９/19…対広島23回戦で左翼席へ本塁打したが一塁を踏み損ねて本塁打とり消される珍事　９/20…対阪神24回戦で28号本塁打、新人の新記録となる　10/11…西鉄との日本シリーズに初出場　10/23…公式戦閉幕、全イニング出場して本塁打王、打点王、新人王、ベストナインにも選ばれる　11/16…日米野球カージナルス戦で２割８分３厘マーク、日本チームの最優秀選手に選ばれる

長嶋茂雄さんのこと

北野　武

俺らみたいな野球小僧は物心つくと野球に夢中でね。足立区は宅地ブームのあおりで空《あ》き地《ち》も狭くて、レフトの場所がない、センターとライトだけでやるとか変なルールで楽しんでた。その頃、みんなが憧れてたのは背番号16、ジャイアンツの川上哲治だった。長嶋さんは千葉県立佐倉第一高校の頃から、野球好きには噂の的《まと》。南関東大会が行われた大宮球場のバックスクリーンに叩き込んだホームランが衝撃的に報じられたからね。後《のち》に上尾高校の山崎裕之が長嶋二世として話題になったけど、東京オリオンズでは伸び悩んでたね。で、立教大学に入った後の長嶋さんはショート本屋敷錦吾、ピッチャー杉浦忠と並んで立教三羽烏《さんばがらす》と謳《うた》われた。長嶋さんは秋季リーグ戦で首位打者、六大学野球でも八本塁打で記録を作った花形《はながた》選手ですよ。

それで巨人へ入団したら、プロ野球が様変わりしたものね。まず野球ファンは当時は守備は休憩時間として捉えてて、まともに観もしなかった。それが長嶋さんがサードに現れて変わったの。広岡達朗さんが守るショートにゴロが来るでしょ。普通に広岡さんが捕って投げればアウトのところを、横からパーッと飛びついてアウトにしちゃうわけ。見る方は「ファインプレーだ！」と大騒ぎだよ。そうなるとサード長嶋を観たくって、ファンが皆、守備にも注目してさ。

御本人に伺《うかが》った時、否定はなさらなかったけど、9対0でピッチャーが完全に抑え込んで勝てる時にサードゴロを思い切りトンネルした。あれは絶対、野球を自覚的にエンターテインメントにしようと狙ってたんだと思うんだ。エンターテインメントと言えば、豪快に空振《からぶ》りしてヘルメットが脱《ぬ》げる名場面。あれは絶対に練習していたはず。それと昭和三十三年の西鉄対巨人、日本シリーズ最終戦のランニングホームランね。ピッチャー稲尾和久の球を最後に打ってね。絶対、ホームベースには間に合うのに敢《あ》えてスライディングしたんだよ。長嶋さんは同時代の音楽の世界で言えばビートルズだね。野球を変えた一流のエンターテイナーなんです。

でも長嶋さんは謙虚というか、ただただ純真に野球が好きなんだね。チームメイトの富田勝さんから聞いたんだけど、富田さんが「カーブが打てない」と悩んでたの。すると長嶋さんが「よし。来た！　曲がったぞ、打て」って。長嶋さんの現役後半、大洋ホエールズにいた平松政次のシュートには苦しめられてた。富田さんは長嶋さんへ自分と同じように教えてあげようかと思ったとか。とにかく長嶋さんの周囲は彼との思い出を抱えて生きていくしかない。天覧試合でホームランを打たれた村山実さんも三三三打席長嶋さんと対決して一度もフォアボールせずに勝負し続けて、一球一球を忘れなかった。

星野仙一さんにテレビのゲストで出てもらった時、中日ドラゴンズ時代にやった長嶋さんとの対決を教えてもらった。星野さんは闘志むき出しでマウンドから「打ってみろ！」みたいに向かっていく。長嶋さんをフルカウントまで追い詰めて、快心の勝負球を投げたらスタンドへ持っていかれた。長嶋さん、塁を走りながら星野さんに「仙ちゃーん、魔球！　魔球！」って声をかけてたらしい。

野村克也さんが喋《しゃべ》った逸話も最高。現役時代、キャッチャーとして活躍した野村さんは、打席に立つ相手選手にささやきかけて調子を狂わせる戦術をよくやったらしい。ジャイアンツ戦で長嶋さんを迎えたわけ。野村さんは「最近、バッティングフォームがおかしい」と話しかけたら、長嶋さんは「本当？　ちょっと待ってよ」って、タイムかけて素振りに行っちゃった。で、打席に戻った途端にホームラン。「ノムさん、親切に教えてくれて、ありがとう！」って感謝されて啞然《あぜん》としたんだって。

監督になってからは「最高の演芸」で笑わせてくれた。就任すぐ開幕の抱負を訊かれて、「十試合、七勝四敗でいけたら」って答えたり、ベンチで「代打淡口」って告げたけど、淡口さんは出塁してる。おまけに長嶋さん、その時にバントの仕草もしてたという。

俺も芸人になって長嶋さんとご一緒する機会を得た。ちょうど仕事を長く休んでた時にゴルフに長嶋さんが誘ってくれた。憧れの人とゴルフだから緊張して夜も眠れなかった。だけど、朝、長嶋さんと会うと「たけしさん、誰とゴルフですか」なんて約束を忘れてる。これで寝不足も吹っ飛んだよね。

その後《あと》も凄かった。ホールを回る前にトイレに行ったの。長嶋さんの隣のやつが「あ！ミスターだ」って興奮してオシッコをかけちゃった。長嶋さんは文句一つ言わずに手洗いの蛇口を捻《ひね》って水を出し、タオルを取りに行って、もう一つの蛇口を捻ると手を洗って拭いた。で、最初の蛇口の水でズボンを洗う。その一連の動きが野球と同じで華麗なの。ゴルフも五十センチのパットは外しても、十メートルのパットは決める。何をやっても憧れの長嶋選手でしかなかったよ。

ファンに好きな四字熟語を色紙へ求められて「長嶋茂雄」と書いた長嶋さん。不撓不屈《ふとうふくつ》や切磋琢磨《せっさたくま》と同じ、名前だけで意味を成す、不世出の野球スターだと思う。野球が庶民を熱狂させた時代の「生きた証《あかし》」なんだ。

（聞き手／構成　岸川真）

『燃えた、打った、走った！』は、一九七四年（昭和四十九）十一月、講談社から単行本が、一九八四年（昭和五十九）十一月、文庫版（講談社文庫）が刊行されました。

本書は、二〇〇一年（平成十三）十二月、中央公論新社から刊行された文庫版（中公文庫）を底本としたものです。

本書に登場する人物の肩書きは、中公文庫版刊行当時のままとしました。

宇佐美徹也「全記録・燃えた、打った、走った！」は、講談社文庫版より掲載され、中公文庫版で増補されたものです。

北野武「長嶋茂雄さんのこと」は、書き下ろしです。

写真提供／読売新聞社

長嶋茂雄

1936年、千葉県生まれ。立教大学に在学中、東京六大学野球において本塁打記録を塗り替え、二度の首位打者に輝く。58年、巨人軍に入団し、その年の新人王、本塁打王、打点王を獲得。以後、74年に現役を引退するまで、勝負強いバッティングと華麗な守備でファンを魅了し、「ミスター・ジャイアンツ」の愛称で国民的人気を博した。75～80年、92～2001年、巨人軍監督。2005年、文化功労者。2013年、国民栄誉賞。巨人軍終身名誉監督。
主な著書　本書、『野球は人生そのものだ』(日本経済新聞出版社、2009年)、『野球へのラブレター』(文春新書、2010年)、『野球人は1年ごとに若返る』(KADOKAWA、2016年) ほか

燃《も》えた、打《う》った、走《はし》った！

2020年9月25日　初版発行

著　者　長嶋《ながしま》 茂雄《しげお》

発行者　松田陽三

発行所　中央公論新社
〒100-8152　東京都千代田区大手町1-7-1
電話　販売 03-5299-1730　編集 03-5299-1740
URL http://www.chuko.co.jp/

DTP　平面惑星
印　刷　大日本印刷
製　本　小泉製本

Published by CHUOKORON-SHINSHA, INC.
Printed in Japan　ISBN978-4-12-005338-2 C0095